KB200032

명자 누나

이 책의 인세 수익금은 전액 한국에 와 있는 외국인 신학생들과 근로자들을 위한 쉼터 마련에 사용할 예정입니다.

명자 누나

지은이 · 이한영
초판 발행 · 2018. 3. 14
15쇄 발행 | 2025. 2. 25
등록번호 · 제1988-000080호
등록된 곳 · 서울특별시 용산구 서빙고로 65길 38
발행처 · 사단법인 두란노서원
영업부 · 2078-3333 FAX 080-749-3705
출판부 · 2078-3331

책 값은 뒤표지에 있습니다.
ISBN 978-89-531-3091-3 03230

독자의 의견을 기다립니다.
tpress@duranno.com   http://www.Duranno.com

두란노서원은 바울 사도가 3차 전도여행 때 에베소에서 성령 받은 제자들을 따로 세워 하나님의 말씀으로 양육하던 장소입니다. 사도행전 19장 8-20절의 정신에 따라 첫째 목회자를 돕는 사역과 평신도를 훈련시키는 사역, 둘째 세계선교(TIM)와 문서선교(단행본·잡지) 사역, 셋째 예수문화 및 경배와 찬양 사역, 그리고 가정·상담 사역 등을 감당하고 있습니다. 1980년 12월 22일에 창립된 두란노서원은 주님 오실 때까지 이 사역들을 계속할 것입니다.

고난의 신비
그리고 공감

이한영
지음

명자누나

두란노

차
례

Part 1

공감共感,
메시아의 고난

추천사

이한영 교수님의 가정 이야기는 지금까지 내가 알고 들어 온 이야기 중 가장 강렬하다. 구약의 족장 이야기에 나타난 하나님의 개입은 그 시대에만 있었던 것이 아니라는 사실을 증거하는 이야기다.

명자 누나가 받은 고난을 통해 하나님의 부르심을 받은 저자는 구약을 가르치는 교수로서 메시아의 고난과 우리 모두가 직면하는 고난을 연결시킨다. 메시아의 고난이 우리의 고난과 아무 상관이 없다면 그분은 메시아가 아니다.

저자는 이 책을 통해 메시아의 대속적 고난이 하나님이 우리의 죄를 용서하시는 근거가 될 뿐만 아니라 우리가 고난을 이길 수 있는 힘이 되는 이유를 설명한다. 그것은 '구속적 공감'이라는 단어로 설명된다. 메시아 되신 그리스도께서는 가족보다 더 깊은 공감으로 우리의 고난에 참여하시기에 우리는 그분 안에서 어떤 고난도 이길 수 있다.

이 책은 메시아의 고난을 깊이 묵상하려는 모든 성도에게 꼭 필요하며, 고난 속에서 길을 잃은 많은 분들에게 큰 위로와 소망이 될 것으로 확신한다.

이재훈 온누리교회 담임목사

이한영 교수님과는 신학생 때 2년 동안 룸메이트로 지냈는데, 그때 자신의 셋째 누님이신 '명자 누나'에 대한 이야기를 종종 들려주었다. 말할 수 없는 고난 가운데서도 늘 사랑과 믿음으로 사시는 명자 누님의 이야기는 나를 감동시키기에 충분했다. 오늘날 저자를 하나님의 종으로 만들어준 힘 역시 그가 명자 누나를 통해 깨달은 신비와 은혜 때문이 아닌가 생각해 본다.

성경은 모든 피조물이 탄식하며 고통을 겪고 있으며, 그 가운데 살고 있는 우리 또한 탄식하지 않을 수 없다고 말한다. 그러므로 참 소망을 붙잡고 살라고 한다.

이 책을 읽으면서 믿는 자에게 허락된 참 소망을 찾게 되기를 바란다.

김승욱 할렐루야교회 담임목사

나는 이한영 교수를 25년 전쯤 유학하던 학교에서 만났다. 공을 선수처럼 잘 차 별명이 '마라도나'였다. 나는 고통의 극한을 짊어지고 사는 그의 '명자 누나'를 유학을 마치던 해 뉴저지 그의 집에서 잠깐 보았다. 얼굴은 수정처럼 맑고, 표정은 천사처럼 순수했다.

이 책은 단순히 명자 누나에 대한 회고와 간증이 아니다. 저자는 고난을 '공감'(共感), '하심'(下心), '선'(善)으로 해석한다. 고난을 이처럼 신비롭고 아름답게 해석해 낸 사람이 또 어디 있을까. 저자는 명자 누나의 고난을 통해 십자가상의 예수 그리스도의 고난과 승리를 깊이 체휼한다. 그리고 세상의 고난당하는 명자 누나들에게 고통스럽지만 고통을 넘어서는 지혜를 가르쳐 준다.

정창균 합동신학대학원대학교 총장

　　이 글을 시작하기까지에는 긴 세월의 망설임이 있었
다. 실제로 분주한 일상에서 몹시 바쁘기도 했지만, 그것
은 핑계에 불과했다. 사실은 더 깊고 혼란스러운 내면의
이유가 있었다. 무엇보다 내 주위에는 말로 표현하기 힘든
고난과 고통이 삶 그 자체인 사람들이 너무나 많았기 때
문이다. 뒤돌아보면 상대적으로 유복하게 살아온 내가 고
난을 논하기에는 너무나도 사치스럽고 부끄럽게 여겨졌
다. 그뿐만이 아니다. 그동안 마음속의 누추한 상처들을
가리고 있던 면치레한 베일들을 진솔하게 벗길 용기가 없
었다.

　　그런가 하면 기억이라는 오래된 창고 속에 여기저기
조각으로 널려져 있던 과거의 사건들을 원형처럼 묘사하
는 것 또한 정직하지 못한 일이라고 생각했다. 뇌를 연구
하는 학자들은 기억이란 항상 축적된 현재형으로서, 과거

를 객관적으로 재구성할 수 있는 기능을 갖고 있지 않다
고 말한다.

그러나 살다 보면 누구나 메마르고 척박한 광야 한복
판에, 끝이 보이지 않는 어두운 터널 속에, 뼈를 깎아 내리
는 듯한 겨울철 칼바람 앞에 맨몸으로 홀로 놓여 있는 자
신을 발견하게 된다. 나도 절대 예외는 아니다. 고난으로
부터 자유로울 수 없는 존재가 사람일 것이다. 그래도 고
난을 논함에 망설인 이유는 아직도 나는 고난에 대해 무지
하기 때문이다. 고난은 내가 겪고 인식한 고통과 외로움과
절망보다 항상 한없이 더 크고, 더 깊고, 더 넓기 때문이다.

전도서는 해 아래 파란만장한 인생을 한마디로 '허무
한 것'으로 서술하고 있다. 그리고 사람들이 살아가는 피
상적인 모습들을 '괴로움', '근심', '번뇌', '결실 없는 수

고', '악'이라는 각종 부정적 기호들로 귀결시킨다. 그러나 그것이 실제로 무엇을 의미하는지, 납득될 만한 설명에 대해서는 침묵하고 있다.

그것은 아마도 고난이라는 실체가 우리의 이성적 반성과 통찰을 초월해 불가사의한 하나의 아포리아(*aporia*, 어떠한 사물에 관하여 전혀 해결의 방도를 찾을 수 없는 난관의 상태)로 남아 있기 때문일 것이다. 아니, 고난의 주권이 인간이 논할 수 없는 신적 영역에 속했기 때문일 것이다. 그래서인지 나에게 하나님과 고난은 항상 가장 친숙하면서도 전혀 풀 수 없는 미스터리(*mystery*)로 존재해 왔다.

이러한 망설임에 머뭇거리며 어느덧 인생의 후반기를 맞이했다. 그리고 나의 생각도 조금씩 바뀌는 것 같다. 고난을 떠올리면 아직도 그 개념적 속성에 대해 무지할 수밖에 없으나, 신기하게도 오랜 시간 나는 그 고난이라는 불청객과 많이 친숙해진 것 같다.

'그래! 항상 내 곁, 가까운 곳에 있어 온 고난….'

용기를 내어 두서없는 나의 짧은 이야기들을 나누기로

작정했다. 그저 살아가는 이야기가 곧 고난의 이야기이기 때문이다. 따라서 이 책은 고난에 대한 정의나 분석이나 해답이 아닐 것이다. 고난에 대한 회의론적인 혹은 비관적인 논의도 아니며, 고난을 피할 수 있는 그 어떠한 실마리는 더더욱 아닐 것이다. 창가 너머로 한적한 겨울 논밭을 바라보며 내 주관적인 기억 속에 떠오르는 삶의 이야기를 최대한 진솔하게 나누어 보고자 한다.

예수님은 가축들의 배설물로 진득한 더러운 말구유에서 태어나셨다. 힘겨운 목수로 생계를 이어 가셨고, 머리 둘 곳도 없는 공생애를 보내셨다. 그리고 견딤의 한계를 넘어 십자가상에서 고통으로 삶을 마감하셨다. 그러나 예수님은 바로 그 고난의 자리에서 "다 이루었다"(요 19:30)라고 공포하셨다.

그러고 보면 내가 가장 가치 있게 여기는 것들 중 고통과 고난 없이 얻어진 것은 단 하나도 없는 것 같다. 그래서인지 예수님은 우리에게 이 세상을 살아가며 어떻게 고난과 무관한 삶을 살 수 있는지에 대해 가르쳐 주지 않으셨다. 오히려 그분은 인간의 고난을 공유하시고, 하늘의 영광을 버리고 낮고 낮은 종의 모습으로 세상에 오사 인간의 고(苦)를 자청하셨다. 다시는 밤이 없고 눈물과 애통하는 것, 곡하는 것과 아픈 것이 없는, 그리스도의 복음이 영원히 성취될 그날이 오기까지 예수님은 오늘도 한량없는 사랑으로 우리의 고와 낙(樂)을 공유하신다.

긍휼의 마음으로 이 세상을 한번 돌아보라. 배신과 증오의 상처로 얼룩진 가정들, 신체적·정신적 장애와 병으로 신음하는 소리들, 사회적·정치적 억압에 시달리는 약자들, 냉혹한 외로움에 홀로 버림받은 자들, 재난과 전쟁과 기근과 가난으로 고통받는 열방들, 음란과 쾌락으로 타락해 썩어 가는 영혼들, 인생의 냉혹한 겨울과 어두운 밤이 그치지 않는 삶, 끝내 생명을 포기하는 수많은 사람….

그래서 용기를 냈다. 그리고 한없이 부족하지만 조금이라도 내 이웃의 아픔을 공감하며 함께 웃고 울어 보고자 이 글을 쓰기로 작정했다.

특별히 고난을 만날 때면 내 기억 속에서 항상 떠오르는 한 사람이 있다. 나의 셋째 누님이신 명자 누나이다. 나는 이 책에서 명자 누나에 대한 기억을 더듬어 가며 고난의 신비를 탐구해 보고자 한다.

이한영

2018년 3월

경기도 팽성읍 자택에서

Part 1

공감共感,
메시아의 고난

그가 찔림은 우리의 허물 때문이요

그가 상함은 우리의 죄악 때문이라

그가 징계를 받으므로 우리는 평화를 누리고

그가 채찍에 맞으므로 우리는 나음을 받았도다

_ 사 53:5

나의 할머니

나는 청소년 시절 남미 브라질의 수도인 브라질리아에서 연방의과대학 입시를 준비하며 셋째 누님인 명자 누나와 함께 작은 방 하나를 얻어 생활했다.

어느 날 할머니가 먼 상파울루주에서 오셔서 생전에 나에게 꼭 들려줄 이야기가 있다고 하셨다. 할머니는 내가 지금까지 잊지 않고 생생히 기억하고 있는 그 이야기를 들려주며 내내 눈물을 멈추지 못하셨다. 중간중간 엉엉 흐느껴 울기도 하셨다. 행복한 노후를 보내고 계시는 줄로만 알았는데, 마음속 깊이 남겨져 있던 아픈 잔뿌리들을 마지막으로 뽑아 버리시는 것 같았다.

할머니는 민족사적으로 혼란스러웠던 1910년, 한일강제합병이 이루어진 해에 태어나셨다. 할머니의 할아버지는 한때 높은 벼슬을 지내신 분이었다. 하지만 훗날 일제

강점기가 되자 가계가 어려워졌고, 할머니는 남편의 얼굴을 사전에 단 한 번도 보지 못한 채 어린 나이에 시집을 가게 되셨다.

할아버지는 나의 아버지가 4살이 되던 해에 한 친구와 함께 일본으로 돈을 벌기 위해 떠나셨다. 하지만 그만 예기치 않은 열병에 걸려 혼자 도중하차해 고향으로 돌아오셨다.

할머니는 사형제를 둔 대가족의 막내였던 할아버지에게 싫은 시집을 가셨다. 그리고 그 집안의 막내며느리가 되어 힘겨운 시집살이를 감수하셔야 했다. 그래도 할아버지는 할머니를 자상하게 사랑해 주셨고, 그 덕으로 하루하루를 잘 버티셨다. 그런데 그렇게 유일하게 의지했던 남편이 병상에 누운 것이다. 할머니는 할아버지를 살리려고 지극정성으로 간병을 하셨다.

그러던 어느 날 평소 가까이 지내던 식모가 할머니께 미신적인 민속 치유법을 언급하며 한밤중에 몰래 양반집 무덤을 파헤쳐 가져온 사체 조각을 내밀었다. 할머니는 너무나도 무섭고 떨렸지만 오직 남편을 살려야 한다는 생각에 압도되어 그것으로 보약을 달였다. 그러나 무정하게도 할아버지는 끝내 세상을 떠나셨다.

청상과부가 된 할머니께 남은 것은 감당할 수 없는 고난과 절망뿐이었다. 거기다 산소를 파헤친 일로 그 식모가 벌을 받게 되었다. 할머니와의 연루를 끝까지 침묵하며 마음에 묻고서 말이다. 할머니는 담장 너머로 피가 터지도록 매를 맞는 식모를 엿보며 가슴을 졸인 채 하염없이 우셨다. 이후 평생 그 식모의 생존 여부를 알아보았지만 끝내 돌아가실 때까지 찾지 못하셨다.

남편을 잃은 후 우울증에 시달리던 할머니는 양잿물을 끓여 어린 아들과 함께 죽기로 작정하셨다.

"아들아, 이 물을 마시고 우리 함께 하늘나라에 있는 아버지를 보러 가자."

그러나 어린 아버지는 할머니의 손을 뿌리치며 "엄마, 나 죽기 싫어요!" 하며 도망쳐 버렸다. 냉혹한 현실 앞에서 할머니는 하염없이 눈물을 흘리셨다. 그리고 모성애를 발휘해 스스로 다짐하고 또 다짐하셨다.

'그래! 내가 어떻게든 열심히 살아서 아들을 올바로 잘 키우리라. 과부의 아들이라고 절대 손가락질 안 받도록 올바로 키우리라!'

불자이셨던 할머니는 신교육을 시킨다는 소문에 아버지를 교회로 보내셨다. 효자였던 아버지는 어린 나이에도 불구하고 매일매일 어두움이 깊은 새벽에 산골로 들어가 약수를 떠다 할머니께 드렸다.

아버지는 자신을 세상에 존재하게 하신 할아버지의 얼굴을 아무리 떠올리려 해도 기억할 수 없어 힘들고 외로웠지만, 교회에서 자라면서 하나님을 진정한 아버지로 모시는 신앙을 갖게 되었다. 그리고 성장하면서 목회자가 되는 꿈을 꾸게 되었다.

그러나 그 생각을 차마 할머니께 말씀드릴 수 없어 깊은 고민과 내면의 갈등을 겪었다. 해방 직후였던 당시에 신학교에 간다는 것은 가난과 핍박과 고난을 자처하는 일이었기 때문이다. 자신이 고통받는 것은 감수할 수 있지만 평생 홀로 아버지만 바라보며 살아오신 할머니를 실망시

켜 드릴 수는 없었다.

그러던 어느 날 밤 꿈에서 로마서 10장 15절 말씀이 펼쳐졌다.

> 기록된 바 아름답도다 좋은 소식을 전하는 자들의 발이여
> 롬 10:15

아버지는 용기를 내어 할머니께 신학교 진학 이야기를 조심스럽게 꺼냈다. 그런데 웬일인가! 불자이셨던 할머니가 의외로 아버지의 신학교 진학 의사에 흔쾌히 응할 뿐만 아니라 적극적으로 지지하시는 것이었다.

"그래, 네가 하고 싶은 것 하렴!"

그리고 장롱에서 작은 돈뭉치를 꺼내셨다.

"아들아, 내가 그동안 너 대학 갈 입학금을 모아 두었다."

그리고 아버지의 신학교 입학을 계기로 할머니는 곧바로 교회를 다니기 시작하셨다.

할머니는 힘겨운 삯바느질과 어려운 청소 일을 하면

서 아버지의 공부를 열심히 뒷바라지하셨다. 그러던 중 우리 민족의 역사에 있어서 가장 비참한 사건인 동족상잔의 6·25전쟁이 발발했다. 그 비극의 시간 속에 신학교는 문을 닫았고, 다수의 교수들은 공산당원들에게 끌려가 살해되었다. 모질고 험한 세월이었다.

할머니는 전쟁으로 인해 아버지와 결별해 홀로 부산으로 피난을 내려가셨는데, 그 혼란 가운데 아버지가 전사했다는 망막한 통보를 받으셨다. 그러나 사실은 잘못된 통보였다. 동명이인인 군인이 전사한 것이었다.

아버지는 전쟁 통에서 생사의 고비를 수없이 넘기다 휴전을 맞이했다. 할머니를 찾고자 삼팔선을 넘었고, 군복 코트를 팔아 구입한 주먹밥으로 끼니를 때우며 일주일 동안 부산까지 걸어갔다. 한밤중에 도착한 부산에서 일단 그날 밤을 보내기 위해 수소문을 해 한 교회를 찾아가 문을 두드렸다.

"누구세요?"

"어머니!"

교회 문을 열어 준 분은 다름 아닌 할머니셨다!

할머니는 아버지가 죽은 줄로만 알고 그날 밤에도 예배당에서 눈물로 기도하고 계셨는데, 정말 귀신이 나타난 줄 알았다고 하셨다. 이렇게 그날 밤 할머니와 아버지는 기적적으로 부산에서 재회하셨다.

이러한 세월의 파란만장한 이야기는 그저 나의 할머니 한 분만의 이야기는 아닐 것이다. 정도의 차이는 있겠지만, 어찌 보면 세월의 춘하추동을 다 겪으신 이 땅의 모든 할머니의 이야기일 것이다.

나의 할머니는 아들 하나를 양지에서 키우려고 치열하게 노력하셨고, 정직하고 강인하고 성실하게 사셨다. 독자인 나의 아버지는 신학교에서 내가 세상에서 가장 존경하는 나의 어머니를 만나 예쁜 딸 넷과 이 못난 아들 하나를 얻으셨다.

아버지는 어머니를 만나기 전 피아노를 잘 치는 한 여전도사님을 소개받으셨다. 어느 날 동급생 친구가 아르바이트로 바늘 세트를 방문 판매하는데 한번 해 보라고 권유했다. 원래 내성적인 아버지는 망설이다 바늘 세트를 들고 길로 나가셨다. 그러나 얼마나 가슴이 두근거리는지 종일 단 한 집의 문도 두드리지 못하셨다.

그러다 해질 무렵, 전무후무한 결단으로 한 집의 문을 두드리셨다. 그런데 문을 열고 나온 사람이 바로 그 피아노를 잘 치는 여전도사님이었다. 아버지는 빨개진 얼굴로 인사도 못하고 도망을 치셨다. 그러셨던 아버지가 하나님의 섭리로 정말 쿨하신 나의 어머니를 만나, 내가 세상에 태어났다.

할머니는 유일한 손자인 나를 무척이나 차별적으로 사랑하셨다. 식탁 위의 꽁치 살은 언제나 내 몫이었다. 할머니는 항상 나를 옆에 끼고 주무셨고, 늘 내 머리를 쓰다듬어 주셨다. 얼마나 많이 쓰다듬어 주셨던지, 덕분에 지금 대머리가 된 것 같다.

할머니는 기독교로 개종한 후로는 평생 거의 매일 밤을 철야 기도로 지새우셨다. 밤이 되면 세상이 온통 꽁꽁 얼어붙은 추운 겨울에도 이불 보따리를 꾸려 나를 예배당으로 데리고 가셨다. 강대상 난로 옆에 이부자리를 깔고 나를 누이신 후, 그 시대에는 왜 그렇게 마귀들이 많았는지, 홀로 힘차게 손뼉 치며 "마귀들과 싸울지라 죄악 벗은 형제여"(새찬송가 348장), "우리들이 싸울 것은 혈기 아니오"(새찬송가 350장)를 반복해서 부르며 기도의 불을 지피셨다.

마지막 노후의 세월을 미국에서 보내신 할머니는 매년 성경을 2-3회씩 통독하셨다. 할머니가 신학대학 교수로 한국에 나와 있는 나에게 전화로 항상 하셨던 말씀이 잊히지가 않는다.

"한영아, 학교에서 성경 똑바로 가르쳐라! 강단에서 헛소리하면 안 된다!"

"하나님께 다 맡기고 잘 인내해라! 인생은 고난이야, 고난! 고난이 싫으면 가서 묻혀!"

그렇다. 인생은 고난이다. 고난은 인간의 그 어떠한 도덕적 본분이나 자율적 의지나 존엄성을 모두 초월한다. 고난은 나의 지정의(知情意)적인 그 무엇으로 귀결될 수 없다. 고난은 우주만물을 창조하시고, 그 안에 내재하시며, 또한 그것을 초월하시는 창조주 하나님의 주권과 말씀의 영역에 속한 것이다.

지난 2005년 미국에 계신 아버지에게서 연락이 왔다. 그렇게도 건강하셨던 할머니가 병원에 입원하신 것이었다. 혹시 몰라 일주일간 일정을 잡아 급히 출국했다. 미국에 도착해 할머니를 퇴원시켜 집으로 모셨다.

귀국하기 3일 전 새벽, 할머니 옆에서 깊은 잠을 자고 있던 나는 알 수 없는 반사 작용으로 눈을 떴다. 할머니는 얼굴을 돌려 나를 한 번 바라보셨고, 내가 손을 잡아 드리자 잠시 후 숨을 깊이 한 번 내쉰 후 주님의 품에 안기셨다.

할머니는 생의 마지막 22년을 골수암 통증으로 고통하며 병상에 누워 있던 나의 셋째 누님 명자 누나를 위해 매일 눈물로 기도하셨다. 그러나 안타깝게도 손녀딸이 온전히 치유된 모습을 보지 못하고 끝내 하나님의 부르심을 받으셨다.

돌아가시기 전 할머니는 장롱서랍에 스스로 만든 수의와 함께 그동안 꼬박꼬박 모아 놓은 용돈으로 장례비 2천 달러와 팔순을 바라보는 아들에게 주라며 7천 달러를 남기셨다. 고난이 더 이상 싫으셨던지, 할머니는 그렇게 세상을 떠나셨다.

고난의 신비

나는 학창 시절부터 생물학과 경제학에 유난히 관심이 많았다. 지금도 TV를 틀면 십중팔구 〈동물의 왕국〉을 시청하고, 신문을 펴면 경제면부터 살피게 된다. 아내는 왜 항상 똑같은 프로그램과 지면을 매번 반복해서 보느냐고 나무란다.

생물의 세계와 경제에는 뭔가 공감이 되는 것이 있다. 생각해 보니 그것은 고난이다. 먹이사슬에서 최상위인 위풍당당한 사자도 자연에서 생존하기 위해 얼마나 힘든 고통을 겪는지 모른다. 자본 경제의 성장 원리도 고통의 원리를 반영하고 있다.

그래서인지 해 아래 모든 것은 한마디로 '고난'이라고 말해도 과언이 아닌 것 같다. 실제로 사람뿐만 아니라 돌덩어리를 포함한 모든 "피조물이 다 이제까지 함께 탄식하며 함께 고통을 겪고 있는 것"을 우리는 안다(롬 8:22). 이

는 고난을 단순히 죄의 결과로 환원시키는 것 그 이상의
신비가 아닐 수 없다.

아무리 유명하고 강력하다 한들, 한없이 지식과 재물
을 축적하고 끝없이 재능을 연마한들 산을 넘으면 넘을
산이 또 하나 있기 마련이다. 계곡의 물이 잠시 옆으로 고
여 천천히 흐르든, 소용돌이쳐 폭포로 힘차게 흘러 내려가
든 모든 물줄기는 끝내 바다라는 한곳에서 만난다.

인생의 흐름도 그런 것 같다. 다양한 형태와 정도의 차
이는 있겠지만 끝내는 고난이라는 큰 바다에서 모두 만나
기 마련이다. 메마르고 척박한, 모질고 험악한 광야와 같은
세상을 살아가는 그 자체가 고난이 아니고 무엇이겠는가?

따라서 인생을 잘 산다는 것은 궁극적으로 고난을 피
하는 것이 아니라 고난과 친숙해지는 일일 것이다. 이러한
불청객과 친구가 될 수 있다니, 이 또한 신비이다.

그 어떠한 회의론적인 세계관을 넘어, 실제로 인생은
어제도 오늘도 내일도 고난인 것이 현실이다. 이는 비관적
으로 말하고자 함이 아니다. 나는 그동안 행복한 인생을

살아왔다고 자부하는 사람이다. 그러나 하나님은 우리에게 웃음과 눈물 둘 다를 허락하셨다. 기쁨의 웃음과 치유의 눈물이다. 웃음이 절망이 될 수도 있고, 울음이 소망이 될 수도 있다. 이것 또한 신비이다.

겨울에 칼날 같은 설풍과 강추위가 있어야 병충해를 예방하고, 따뜻한 봄날 땅 아래로부터 생명을 간직한 싹이 기지개를 펼 수 있다고 한다. 고난은 이와 같은 인생의 필연적인 북풍한설이 아닐까?

그런데 이렇게도 편재한 고난 그 자체에 대해 우리는 왜 이렇게도 무지하고 무력한 것일까? 첨단 과학이 발달하고 자본 경제가 끊임없이 성장해도 고난은 언제나, 어디에나 늘 편재해 있다. 그러므로 인생이 그러하듯 고난 또한 우리에게 신비로 존재한다.

시공간을 초월하고, 한정된 논리적 정의와 인식론적인 기호로 귀결될 수 없는 것을 우리는 신비라고 부를 수밖에 없을 것이다.

부정적인 의미에서가 아니라 인류 역사의 보편적인 경

험에서 신비란 항상 시공간을 초월해 현존했다. 따라서 나는 이러한 고난의 실체가 초월적인 신적 주권에 속한다고 믿는다.

메시아의 고난

고난의 신비는 그 기원을 이 땅이 아닌 하늘에 두고 있다. 나는 그 신비를 이사야 53장 1-12절에 기록된 '메시아의 고난'으로 조명해 보고자 한다.

이사야는 BC 8세기에 약 60년이라는 긴 세월 동안 몰락의 기로에 서 있던 이스라엘에서 하나님의 말씀을 대변한 선지자이다. 그의 조국 이스라엘은 고대 근동 제국들의 패권 쟁탈로 곧 주권을 잃게 될 상황에 놓였고, 내부적으로는 국정과 국토가 북과 남으로 분단되어 국력이 분산되고 약화된 형편이었다. 이는 오늘날 한반도의 상황과 너무나도 유사해 주시하지 않을 수가 없다. 그러한 파란만장한 격동기 한가운데서 이사야는 남쪽 유다에서 하나님의 선지자로 사역했다.

그런데 이사야는 거룩하신 하나님의 소명을 받은 그날부터 오히려 평생토록 평탄하지 못한, 힘겹고 고통스러운 나날을 보내야 했다. 그 이유는 무엇일까?

이사야는 유다의 왕 웃시야가 죽던 해에(BC 740년경) 스
랍들이 모시고 선 높은 보좌에 앉으신 하나님의 영광을
환상으로 보게 되었다(사 6:1-2). 그리고 그 거룩하고 위엄
스러운 하나님의 영광 앞에서 자신이 얼마나 부정했던지,
그는 본능적으로 "화로다 나여 망하게 되었도다"(사 6:5)라
고 고백했다. 이에 스랍 중의 하나가 제단에서 핀 숯을 가
져와 이사야의 입술에 대어 그를 정화했고, 천상에서는 하
나님의 소명이 큰 소리로 선포되었다.

> 내가 또 주의 목소리를 들으니 주께서 이르시되 내가 누구
> 를 보내며 누가 우리를 위하여 갈꼬 하시니 사 6:8상

거룩하신 하나님의 소명이 얼마나 압도적이었던지, 주
님의 부르심을 들은 젊은 이사야는 반사적으로 "내가 여
기 있나이다 나를 보내소서"(사 6:8하) 하고 즉시 긍정적으
로 응답했다.

그러나 이어진 하나님의 말씀은 사역 중에 만나게 될

고난을 예고하고 있다. 이사야의 응답을 확인하신 하나님은 다음과 같이 명하셨다.

> 가서 이 백성에게 이르기를 너희가 듣기는 들어도 깨닫지 못할 것이요 보기는 보아도 알지 못하리라 하여 이 백성의 마음을 둔하게 하며 그들의 귀가 막히고 그들의 눈이 감기게 하라 사 6:9-10상

이사야가 전해야 하는 하나님의 말씀은 좋은 소식이 아니라 백성을 심판하리라는 고난의 반포였던 것이다. 아마도 이사야는 "내가 여기 있나이다 나를 보내소서"라고 말했던 것을 절실히 후회했을 것이다. 소명은 영광스러울 수 있어도 사역의 과정은 고난인 것이다.

신학생들을 보면, 신입생 첫 개강 예배 때 찬송가를 가장 씩씩하게 부른다.

"부름 받아 나선 이 몸 어디든지 가오리다!"(새찬송가 323장)

그러나 졸업이 가까울수록 마음속에서 가사가 바뀐다.

'부름 받아 나선 이 몸… 서울로 가게 하옵소서~.'

이사야 선지자는 사역 기간 동안 개인적이고 가정적인 어려움뿐만 아니라 국내외의 사회적·정치적 역경 속에서 생사를 넘나드는 갖은 고난과 시련을 겪었다. 결코 쉬운 사역이 아니었다. 그는 생전에 동족인 북 이스라엘의 비참한 멸망을 목격했다. 또한 노년에는 곧 함락될 예루살렘의 비극적인 환상을 보게 되었고, 그 소식을 선포함으로 왕과 백성으로부터 집요한 핍박을 받았다.

성경을 면밀히 읽어 보면, 이사야에게는 적어도 2명의 아들이 있었음을 알 수 있다. 이사야 7장 3절에 언급된 첫째 아들의 이름은 '스알야숩'인데, 히브리어로 '쉐아르 야슈브'(יָשׁוּב, שְׁאָר, a remnant shall return)이다. 직역하면 '남은 자들이 돌아오리라'라는 의미이다.

이는 훗날 앗수르와 바벨론 제국의 침범에도 불구하고 남은 하나님의 언약 백성이 포로 생활에서 해방되어 고국으로 돌아올 것이라는 긍정적인 의미를 함축하고 있다. 하지만 7장 본문의 문맥을 잘 살펴보면, 일차적으로는 북 이스라엘 사마리아의 함락과 민족적 유배를 암묵적으로 예고한 것이었다.

이사야 8장 3절에 둘째 아들이 언급된다. 하나님은 그의 이름을 '마헬살랄하스바스'(מהר שלל חש בז)로 지으라고 명하셨다. 즉 '신속히 약탈될 것이며, 빨리 포획될 것'(Swift is the booty, speedy is the prey)이라는 의미이다. 이는 이사야의 조국인 유다가 그렇게도 믿고 의지하는 앗수르 제국이 무너질 것과 신흥 제국인 바벨론이 예루살렘을 함락할 날이 임박했음을 예고하는 기호였다.

이처럼 이사야의 두 아들의 이름은 모두 조국의 배도와 그로 인한 되돌릴 수 없는 몰락을 암시했다. 만약 나의 두 아들의 이름을 '조국의 멸망'과 '그 일이 곧 임할 것이다'라는 의미로 지어야 한다면 그 고통이 얼마나 심하겠는가!

고대 근동에서 아들을 얻는다는 것은 가장 기쁜 일이며 희망을 낳는 것이었다. 그런데 이사야의 두 아들의 이름은 절망을 함의했다. 이는 비극이 아닐 수 없다. 아들들의 이름을 부를 때마다 민족의 패망을 예견하는 것이었다. 이는 가장 큰 슬픔과 아픔은 오히려 가장 가까운 곳으로부터, 가장 아끼고 원하며 바라는 것으로부터 온다는 것을 보여 준다. 고난은 내 곁에 있는 사랑하는 아들과 같다. 역설이 아닐 수 없다.

이사야 선지자는 사람들의 귀를 긁어 주는 좋은 말보다는 왕들과 동족들을 향해 방탕에 빠진 조국의 자만하고 음란하고 타락한 현실을 지적하고, 전무후무한 하나님의 무서운 종말론적인 심판을 선포해야 했다. 이는 그에게 너무나도 큰 부담으로, 힘들고 고통스러운 삶을 초래했다. 《예루살렘 탈무드》에 따르면, 이사야는 노후에 므낫세왕의 폭력적인 박해로 인해 끝내 반 토막으로 도살되어 순교한 것으로 전해진다(히 11:37).

성경을 면밀히 읽어 보면, 구약의 선지자들과 신앙의 선조들, 그리고 신약의 사도들과 하나님이신 우리 주 예수 그리스도까지 모두 한결같이 고난의 삶을 공유했다. 그런데 우리는 왜 그들의 이야기를 읽으며 은혜를 받는 것일까?

이사야 선지자의 비극적인 삶을 세상이 부러워할 일은 없을 것이다. "나는 이사야 선지자처럼 살고 싶다"라고 말하거나 자식의 이름을 저주의 징조로 짓고, 조국의 멸망을 선포하고, 반 토막으로 잘려 죽고 싶다는 사람은 없을 것이다. 예수님처럼 진정으로 십자가에 못 박혀 죽기를 원하는 사람이 있을까?

그럼에도 불구하고 우리 그리스도인들은 왜 지난 수천 년 동안 이사야서를 그리도 사모한 것일까? 왜 이러한 비극을 통해 하나님의 사랑과 은혜와 구속을 진정으로 경험하게 되었다고 고백하는 것일까? 이사야서를 기반으로 작곡한 헨델의 '메시아' 오라토리오를 들으며 우리는 왜 기립 박수를 보내는 것일까? 이것은 고난의 신비가 아닐 수 없다.

이사야서는 아주 복잡한 역사 문화적인, 그리고 문학 신학적인 구조로 구성되어 있다. 그런데 나는 이사야서에 기록된 고난의 신비를 '공감'이라는 개념으로 부분적으로나마 그 실마리를 풀어 보려고 한다.

이사야서는 총 66장으로 구성되어 있다. 전반부인 이사야 1-39장은 영적인 배도와 도덕적인 부패로 방탕해진 이스라엘과 열방의 타락상을 적나라하게 드러내고 있다. 귀를 막고 마음을 완강하게 닫아 강퍅해진 백성과 왕들의 회개를 촉구하며 임박한 하나님의 심판을 중점으로 선포하고 있다.

그러나 후반부인 이사야 40-66장은 '남은 자들'(שְׁאֵרִית),즉 하나님의 언약 백성을 향한 역사적이며 종말론적인 구원과 소망의 메시지를 세밀하게 명시하고 있다. 전반부에서의 절망에도 불구하고 후반부는 소망의 근거가 되시며 구원을 궁극적으로 구현하고 실현하실 메시아, 즉 그리스도의 도래를 집중적으로 조명하며 예고하고 있다.

따라서 이사야 선지자는 특별히 이사야 63-66장에서 메시아의 전 우주적이고 종말론적인 구원을 바라보며 소망 가운데 당시의 고난과 시련을 믿음으로 인내했다.

이사야(יְשַׁעְיָהוּ, yeshayahu)라는 이름은 히브리어 '예사'와 '야후'의 복합명사로서, 직역하면 '여호와의 구원'이라는 뜻이다. 그러나 구속사에 있어 이사야서를 읽다 보면 언뜻 이해하기 힘든, 쉽게 풀리지 않는 하나의 난제에 부딪히게 된다.

역사적으로 이스라엘은 가장 절망스러운 상황에 놓여 있었다. 왕과 백성으로부터 핍박을 받던 이사야 선지자도 개인적으로 감당하기 어려운 고통 가운데 지내고 있었다.

그러한 상황에서 이스라엘이 그토록 간절히 바라고 열망한 메시아는 이사야의 환상에서 너무나도 초라하고 나약한 모습으로, 오히려 그들보다 더 큰 고통 가운데 있는 고난의 종의 모습으로 계시되었다(사 44-55장). 역설적이지 않을 수 없다. 이사야가 처한 역사적 상황에서 이스라엘을 구원할, 앞으로 도래할 메시아는 적어도 앗수르나 바벨론의 왕들보다는 더 강력하고 위엄스러운 슈퍼맨의 모습이어야 하는 것 아닌가?

그러나 이사야 41-53장의 본문에서 하나님은 구원자 메시아를 17회나 히브리어로 '메시아'(מָשִׁיחַ)가 아닌 '에베드'(עֶבֶד), 즉 '종'으로 부르셨다. 더 나아가 본문의 내용을 보다 면밀히 살펴보면, 그 종은 고통받는 '고난의 종'(Suffering Servant)임을 알 수 있다.

고난의 종의 처절한 모습은 이사야 52장 13절부터 53장

12절에 회화적으로 적나라하게 묘사되어 있다.

먼저, 고난의 종은 상한 모습으로 나타났다(사 52:14). NIV 성경은 '상함'에 해당하는 히브리어 명사 '미쉬하트'(מִשְׁחַת)를 'disfigured'로 번역했다. 즉 형태를 알아볼 수 없을 정도로 손상된 얼굴이라는 의미이다. 엄청난 폭행에 의한 손상을 뜻한다.

또한 그는 고운 모양도 없고 풍채도 없었다. 우리가 보기에 흠모할 만한 아름다운 것이 없는 사람이었다(사 53:2). 그는 멸시를 받아 사람들에게 버림받았으며, 간고를 많이 겪었으며, 질고를 아는 자였다(사 53:3). 이 말은 사람들로부터 무시당하고, 외면당하고, 고통당해 인생의 아픔이 무엇인지를 뼈저리게 아는 사람이라는 뜻이다. 그는 찔렸고, 상했고, 징계를 받았고, 채찍에 맞았다(사 53:5). 이는 아주 흉악한 범죄자에게나 가해지는 처벌들이다. 그리고 끝내 그는 곤욕을 당하고 괴로워했다(사 53:7).

이사야 53장에서는 메시아로 오실 '그'와 구속의 대상인 '우리'라는 두 대명사가 역설적인 대조를 이루고 있다.

이사야 53장 2절을 보면, 메시아는 구속의 대상인 우리가 보기에 흠모할 만한 그 어떤 아름다운 것도 갖고 있지 않았다.

"아니, 지금 나도 힘들어 죽겠는데, 나를 구원할 메시아의 모습이 저렇게 비참하게 상해 있다니!"

따라서 이사야 선지자는 메시아를 바라보며 도저히 그를 귀히 여길 수도 없고(사 53:3), 생각하건대 사람들을 구원하러 온 것이 아니라 '징벌을 받아 하나님께 맞으며 고난을 당한 자'라고 고백했다(사 53:4).

이사야 선지자가 하나님의 계시를 통해 목격한 메시아는 고통을 당하는 초라한 고난의 종이었다. 어떻게 그런 분이 우리의 소망이 될 수 있으며, 이렇게도 혼탁한 세상을 구속할 수 있다는 것일까? 세상 사람들은 "너나 잘하세요!" 하며 조롱할 것이다.

실제로 예수님이 십자가에 달리셨을 때 사람들은 그렇게 말하며 비꼬았다. 마태복음 27장 39-44절을 보면, 아무 상관도 없는 지나가는 자들을 포함해 대제사장들과 서기관들과 장로들, 그리고 예수님 옆 십자가에 달린 죄수들까지도 자기 머리를 흔들며 예수님을 비난하고, 모욕하고, 희롱했다.

"네가 만일 하나님의 아들이어든 너나 구원하고 십자가에서 내려오라! 남은 구원하면서 자기는 구원할 수 없구나!"

"너나 잘하세요!"

물론 우리 신앙인들은 '고난의 종'이라는 난제를 정통적인 신학적 해석에 의해 예수 그리스도의 대속의 고난(substitutionary suffering)으로 당연히 받아들인다. 이사야 53장에서 이사야가 메시아의 고난은 우리의 질고를 진 것이고, 우리의 슬픔을 당한 것이며, 우리의 허물과 죄악을 담당한 것이라고 분명히 명시하고 있기 때문이다.

그러나 이렇게 당연히 여겨지는 관습적이면서도 인식론적인 신학적 이해에 앞서, 죄 사함과 영혼의 구원이라는 한결같은 신학적 설명을 넘어 그리스도께서 왜 하필이면 고통받는 고난의 종의 모습으로 오셨는지, 그것이 내가 현재 당하는 고난과 실제적으로 무슨 상관이 있는지 등 성육신(incarnation)에 함축된 좀 더 실존적이고 인격적인 의미를 질문해 볼 필요가 있지 않을까?

나는 대속이 전제된 고난의 종의 모습에서 우리와 함께 고난받으시고, 우리의 고난을 공감하시는 하나님의 사랑을 느낄 수 있었다. 하나님은 저 높고 높은 영화로운 보좌에 앉아 단순히 우리에게 수직적으로 호령하시고 질문에 답하시는 분이 아니다.

"그래, 너 아프니? 이런저런 이유로 아프지? 내가 주는 약 먹어 봐!"

천사들을 보내 우리의 문제를 단순히 해결하시는 분이 아니다. 이유는 아직도 알 수 없으나, 하나님은 낮고 낮은 우리의 고통스러운 삶의 자리로 오셔서 우리보다 더 낮은 종의 모습으로 우리의 고난을 공유하고 공감하셨다. 그분은 실제로 우리의 질고를 지시고, 우리의 슬픔을 함께 당하시는 분이다. 멋지고 화려한 주인이 아니라 흠모할 것이 없는 머슴으로 오셔서 우리 곁에서 우리를 돕고 섬기시는 분이다.

오늘날 왜 이처럼 세계 곳곳에서 잔인한 폭행과 테러가 종교의 이름으로 가해지고 있는 것일까? 그것은 세상의 종교가 이웃의 고난에 공감하고 그들을 섬기기보다는 일방적인 정답만을 고집하며 교리적으로 강요하고 있기 때문이다.

누가복음 13장을 보면, 안식일에 예수님이 18년 동안이나 귀신 들려 앓으며 꼬부라져 몸을 조금도 펴지 못하는 한 여인을 안수해 치유하신 장면이 나온다. 이에 사회적 엘리트인 회당장이 안식일에 일을 했다는 이유로 분을 내며 무리를 선동했다. '안식일에는 일하지 말 것'은 당연한 율법적인 정답이다. 그러나 주님은 정답을 주시기보다는 여인의 고통과 고난에 공감하고 동참하셨다. 그리고 그녀를 치유로 섬기셨다.

우리는 자녀를 키울 때도 정답으로 키우려고 한다.

"왜 학교 점수가 이것밖에 안 되니? 스마트폰 보는 시간에 공부를 더 하면 되잖아!"

"너무 힘들어요."

"힘들긴 뭐가 힘들어! 내가 어렸을 때는 너보다 얼마나 더 힘든 상황에서 공부를 했는데!"

이처럼 부모들에게는 항상 정답이 있다. 그러나 예수님이라면 다르게 말씀하셨을 것이다.

"그래, 얼마나 힘드니. 내가 너의 고통을 대신해 줄게."

그리고 예수님은 그 공감을 자신의 삶과 십자가에서의 죽음으로 실천하셨다.

나의 어머니는 나에게 단 한 번도 상처를 가하는 정답을 주신 적이 없다. 이는 자격 없이 받은 나의 큰 복이며 은혜이다. 내가 어려워할 때마다 어머니는 이렇게 말씀하시곤 했다.

"한영아, 얼마나 힘드니. 너무 걱정하지 말고 하루하루 주님의 손을 붙잡고 살면 된단다. 좀 쉬어~."

우리는 슈퍼맨이나 슈퍼우먼으로 가장한 채 자녀들에게 정답을 빙자해 나의 욕심을 강요하며 상처를 입힌다. 부부 사이에서도, 이웃에게도 마찬가지이다. 그러나 칼만이 사람을 찌르는 것이 아니다. 때로 날카로운 말들은 정답으로 포장되어 칼보다 더 깊숙이 상대의 가슴을 찌르고 지울 수 없는 상처를 남긴다. 나도 그동안 사랑하는 아내에게, 딸에게, 이웃들에게, 동료들에게 이러한 가해자로서 자유롭지 못하다.

정치 싸움도, 부부 싸움도 정답의 싸움이다. 에덴동산에서부터 시작된 선과 악에 대한 주권을 둘러싼 싸움이다. 우리는 모두 침범해서는 안 되는 선악과를 따 먹고 유일한 진리의 주권자이신 하나님 위에 서서 "나는 선하고, 너는 악하다!" 하며 상호 치명적인 상처를 가하고 있다. 우리는 왜 그저 울 때 같이 슬퍼해 주고, 웃을 때 함께 기뻐해 줄 수 없을까?

Break Up or Make Up!

나로 하여금 고난은 정답이 아닌 공감으로 풀 수 있음을 깨닫게 해 준 한 사건이 있었다. 어른보다 어린아이가 훨씬 더 지혜로울 때가 많다.

한번은 마음으로 선악과를 따 먹고 아내와 가끔씩 벌이는 정답 싸움을 또 시작했다. 크리스마스 며칠 전이었는데, 미국을 방문 중이던 아내와 그것도 전화 통화 중에 심한 국제적인 말 전쟁을 발발시켰다. 깊은 상처를 입은 아내는 "절대 공항에 나오지 마세요"라는 최후의 통첩을 보내 왔다!

공식적인 선전 포고를 받은 나는 아내의 귀국일 바로 전날 어린 딸에게 상황을 솔직히 말해 주었다. 나는 딸이 갓난아이였을 때부터 대화를 많이 나누었다. 젖먹이를 무릎에 앉혀 놓고 "인생이 뭐니?" 하며 일방적으로 철학적 사유를 나누기도 했다. 덕분에 성인이 된 지금도 딸은 아내와 나를 친구처럼 대하며 개인적인 속 이야기를 진솔하게 나눈다.

아내와 국제 전쟁을 치른 해, 딸은 13세의 어린 소녀였다. 내가 자처한 절박한 사연을 다 들은 딸은 신이 나서 이렇게 말했다.

"아빠, 저한테 맡기세요. 제가 다 해결해 드릴게요!"

어린 딸의 말이 기가 막혔다.

"아빠, 제가 하라는 대로 꼭 하세요! 인천공항에 갈 때 꽃 한 송이를 가져가고, 엄마를 무조건 차에 태워서 집에만 데려오면 나머지는 제가 다 해결해 드릴게요."

"어떻게?"

"아빠, 저를 믿고 무조건 하라는 대로만 하세요."

"알았어."

어린 딸의 말을 믿어 보기로 했다.

아내가 귀국하던 날, 나는 꽃 한 송이를 손에 쥐고 인천공항 터미널 출구에서 초조하게 기다리고 있었다. 그때 여행 가방을 끌고 나오는 아내와 눈이 마주쳤다. 하지만 아내는 "흥!" 하면서 얼굴을 돌리더니 시베리아의 칼바람처럼 내 옆을 싹 스치고 지나가 버렸다. 어린 딸의 말대로, 처절하게 꽃 한 송이를 들고 열심히 뒤를 쫓아가 택시를 탄다는 아내를 설득해 일단 내 차에 태우는 데까지 성공했다.

솔직히 그 전쟁은 전적으로 나의 잘못으로 발발한 것이었다. 그러나 나는 남자로서 정답의 주권을 포기하지 않으려는 콤플렉스로부터 온전히 자유롭지 못했다. "미안해요"라는 말 한마디면 되는데, "얼마나 마음이 아팠어요" 하고 공감해 주면 되는데 말이다. 지금도 잘 못하지만, 왜 그 일이 그렇게도 힘든 것일까?

집에 도착해 문 앞에 설 때까지 아내는 무반응 상태였다. 벨을 눌렀다. 문이 열렸다. 그 순간 집 안에서 정말이지 아름다운 크리스마스 캐럴이 흘러나왔다! 거실은 온통 찬란하고 훈훈한 촛불로 가득했다. 문을 열고 바로 마주친 벽에는 정다운 추억을 간직한 가족사진들이 붙어 있었다. 그리고 가족을 위한 딸의 감동적인 시문과 함께 다음과 같은 큰 문구가 영어로 씌어 있었다.

"Break Up or Make Up!"

'깨지든지 합치든지!', '헤어지든지 말든지!'라는 말이다!

그때 아내는 갑자기 내 옆구리를 툭툭 치면서 "분위기 깨지 마요~" 하더니 아무 일도 없었던 것처럼 딸과 미국 여행기를 즐겁게 나누며 밤을 새웠다. 나는 다음 날이 걱정되었지만, 아내는 정말 다 잊었는지 기쁜 나날을 이어 갔다. 문제가 정답 없이 다 해결되었던 것이다. 고난 앞에서 정답은 정답이 아니다. 공감만이 정답인 것이다.

이사야가 목격한 메시아는 정답을 가지고 모든 문제를 해결해 주는 슈퍼맨이나 단순히 고난받는 종이 아니었다. 우리의 고난을 공유하고 공감하는, 아니 친히 우리가 되어 우리의 고난을 받음으로 우리를 섬기는 분이었다. 바울 사도는 빌립보 성도들에게 보내는 서신에서 이 진리를 설명했다.

너희 안에 이 마음을 품으라 곧 그리스도 예수의 마음이니 그는 근본 하나님의 본체시나 하나님과 동등 됨을 취할 것으로 여기지 아니하시고 오히려 자기를 비워 종의 형체를 가지사 사람들과 같이 되셨고 사람의 모양으로 나타나사 자기를 낮추시고 죽기까지 복종하셨으니 곧 십자가에 죽성경은 그 어디에서도 고난 그 자체를 사모하고 미화하지 않는다. 우리는 이 점을 오해하지 말아야 한다. 성경은 회의론과 비관론을 지지하지 않는다. 고난은 분명히 아프고 고통스러운 것이다. 성경은 고난이 우리에게 닥쳐왔을 때 고난의 신비에 대한 정답을 제공하기보다는 고난 앞에서 우리의 태도와 반응이 어떠해야 함을 명시하고 있다.

물론 아프고, 절망스럽고, 원망스럽다. 괜찮다. 아파할 수도 있고, 슬퍼할 수도 있고, 누군가를 탓할 수도 있다! 그런가 하면 어떤 이들은 고난을 극복하는 일에 과도하게 집착하기도 한다. 이 또한 나무랄 행동이 아니다.

그러나 진정한 신앙인이라면 그러한 일차적인 반응을 믿음으로 이겨 내고 자신이 당한 고난을 통해 그리스도의 고난을 공유하며 공감할 수 있을 것이다. 더 나아가 바로 그 고난을 통해 고난받는 이웃의 아픔을 공감하는 예수님의 마음을 품을 수 있을 것이다. 이것이야말로 메시아의 고난의 비밀이 아닌가.

팔리지 않는 도넛

나의 아버지는 올해로 91세이시고, 어머니는 90세이시다. 미국에 거주하시는데, 매년 봄이 되면 아내는 휴가를 내어 시부모님을 한국으로 초청해 한국에 계신 친정 부모님과 함께 여행을 떠난다. 이는 어느덧 우리 부부의 공식 연중행사가 되었다. 이렇게 착한 마음을 가진 아내에게 말은 안 하지만 늘 감사할 뿐이다.

연세가 많고 기력이 많이 쇠약해지신 부모님은 미국에서 1년 내내 힘들어하시다가 봄이 되면 고난주간을 보낸 후 예수님과 함께 부활하신다. 자식을 보고 싶은 생각이 초월적인 에너지를 만들어 내는 것 같다.

어머니는 한국에 오실 때마다 나에게 많은 감동을 남기신다. 외할아버지는 독녀인 나의 어머니를 지극정성으로 곱게 키우셨다. 몸이 약한 딸을 위해 계란으로 목욕도

시키고, 사냥꾼으로부터 사슴을 구해 먹이기도 하셨다.

6·25전쟁이 일어나자 외할아버지는 딸을 등에 업고 강을 건너 월남하셨다. 그리고 자수성가해 큰 사업을 운영하셨다. 하지만 늘 검소하게 생활하셨으며, 교회의 장로로 복음 사역과 어려운 이웃들을 섬기는 데 적극적이셨다. 한 예로, 외할아버지는 큰 집에서 사실 때 이웃들을 배려해 가족들에게 고기를 굽지 못하게 하셨다. 가난한 이웃들이 많았던 시절, 모두에게 고기를 나누어 줄 수 없다면 냄새도 풍기지 못하도록 하신 것이다.

나의 어머니는 그러한 외할아버지의 사랑을 독차지하며 유복하게 자라셨다. 외할아버지는 몸이 약한 딸의 건강을 걱정해 의과대학에 진학하려던 딸을 거의 강제로 신학교에 보내셨고, 학장님의 중매로 나의 아버지와의 결혼을 성사시키셨다. 어머니는 외할아버지의 뒤를 이어 적지 않은 재산에도 불구하고 평생을 검소하게 생활하며 남몰래 많은 어려운 이웃을 돕고 배려하며 사셨다.

언젠가 어머니를 모시고 경기도 양평으로 가던 중 잠

간 휴게소에 들렀다. 내가 어머니의 연세와 당뇨를 고려해 과일 주스와 생수를 사러 간 사이에 어머니는 조용히 어디론가 가시더니 본인이 먹지도 않는 설탕으로 범벅된 도넛 한 봉지를 사 오셨다. 나는 어머니가 왜 도넛을 사 오셨는지 알고 있었다. 항상 그러셨듯이 장사가 안되어 보이는 가게의 물건을 사 오신 것이었다.

내 기억에 어머니는 맛있는 식당에 가자고 말씀하신 적이 없다. 한국에 오셔서도 여러 식당이 모여 있으면, "한영아, 저 집 앞에 너무 차들이 없다. 저 식당으로 가자!"라고 하신다.

그 모습을 보며 나 자신을 돌아보았다. 목사로서 항상 맛집만 찾아다녔던 내 모습이 한없이 부끄러웠다. 그래서 나는 가족이나 동료들에게 강요할 수는 없지만, 혼자 외식을 할 일이 있으면 장사가 안되는 식당만 찾아다녀야겠다고 다짐을 했다. 대한민국의 그리스도인들이 하나같이 장사가 잘 안되는 식당만 찾아다닌다면 빈부격차가 줄어들고 한국 경제가 부흥할 것 같다.

이러한 나의 모습을 보신 하나님이 내 마음에 이런 말

씀을 하셨다.

"너, 놀부처럼 흉내 내지 말아라~."

고난주간에 그리스도인들이 금식하기보다 오히려 장사가 안되는 식당을 찾아다니면 좋겠다. 맛있어 봐야 얼마나 맛있겠는가.

어머니의 도넛 한 봉지 속에는 이웃의 고통을 향한 어머니의 공감이 담겨져 있었던 것이다.

구속적 공감

나는 딸 넷에 아들 하나, 즉 오형제 중 넷째 외아들로 태어났다. 이북 실향민이신 외할아버지는 나의 막내 외삼촌을 이북에 둔 채 나의 어머니와 큰외삼촌만 데리고 월남하셨다. 남북이 오늘날까지 갈라져 있는 것은 우리 민족의 비극이 아닐 수 없다.

어머니는 남한에서 딸 넷을 낳으셨고, 큰외삼촌은 딸 일곱을 낳으셨다. 나의 아버지가 독자이시다 보니 큰외삼촌 가족과 우리 가족은 딸이 11명에 아들 하나인 한 가족처럼 가까이 지냈다. 그러니 외아들인 내가 얼마나 많은 사랑을 받았겠는가.

나의 셋째 누님의 이름은 이명자이다. 한자로 '밝을 명'(明)에 '아들 자'(子)를 쓰는데, 셋째마저 딸이니 다음에는 아들이기를 바라며 작명한 이름이다. 신기하게 누나의 이름대로 내가 태어났다.

명자 누나와 나는 정말 특별하게 가까웠다. 나는 9살 때 한국을 떠나 남미 브라질에서 성장했다. 중학교를 마치자마자 부모님이 거주하시던 상파울루주를 떠나 1천 km 떨어져 있는 브라질의 수도 브라질리아에서 명자 누나와 함께 한 방에 살며 대학 입시를 준비했다. 당시 나는 특별반에 뽑혀 고등학교를 1년 조기 졸업했다. 누나와 나이가 3살 차이이지만, 1년 차로 같은 대학에 진학했다. 명자 누나와 나는 캠퍼스에서 함께 생활하며 서로를 매우 잘 아는 진정한 친구가 되었다.

명자 누나는 고등학교 때 얼마나 공부를 잘했던지 학교 신문에 줄곧 소개되었다. 아버지의 말씀에 따르면, 명자 누나는 태어날 때 알밤같이 토실토실하고 건강했다. 그리고 어려서부터 공부를 잘했다. 학교에서 돌아오면 마루를 책상 삼아 모든 숙제를 다 마친 후에야 방으로 들어왔다. 그래서 성실하고 총명하다고 동네에 소문이 자자했다.

나도 공부라면 교내 전체에서 10명을 뽑는 특별반에 들어갈 정도였지만, 가끔은 밤새도록 기타를 치다 아침에 책을 잠시 넘겨보고 시험을 치르는 스타일이었다. 반면에 명자 누나는 책상에 앉으면 엉덩이가 달라붙도록 일관되고 규칙적으로 공부하는 전형적인 모범생이었다.

나의 아버지는 초창기 농업 이민으로 브라질에 온 교포들이 정부와의 약속을 어기고 농지를 이탈해 모두 도시로 나가는 바람에 한국인의 이미지가 땅에 떨어진 상황을 마음 아파하셨다. 한국에서는 도시에 살던 사람들이 갑자기 그 먼 남미 땅에 떨어져 정글에 정착하기란 정말 어려운 일이었다.

아버지는 그리스도인으로서 한국인의 신뢰를 회복하기 위해 브라질 농촌에 발전 모델이 될 수 있는 새마을운동과 한국인 마을을 기획하셨다. 또 아들인 내가 의학을 공부해 어려운 농촌 사람들을 섬기고, 딸인 명자 누나는 농업 공학(agricultural engineering)을 통해 종자 개량에 공헌하기를 바라셨다. 아버지의 뜻에 따라 누나는 남미 대지를 바꿀 꿈을 꾸며 농업 공학을 공부했고, 나는 의학을 공부했다.

언젠가는 과목이 겹쳐서, 생물학 수업을 같은 반에

서 듣게 되었다. 당시 여교수님은 나이가 꽤 많은 분이셨는데, 얼마나 지독한지 학생들 사이에서 별명이 '마귀 여사'(senhora diabo)였다. 수업 내용도 어려웠지만 C 이상의 점수를 주시지 않는 분으로 유명했다. 웬만하면 다 A를 받았던 나도 그 과목은 C로 마무리했다. 그러나 명자 누나는 A+를 받았다!

명자 누나는 공부도 잘하고, 신앙심도 깊은 데다 미인이었다. 그래서 외국 남학생들이 항상 벌 떼처럼 달려들어 나는 누나의 보디가드를 하느라 정신이 없었다.

누나는 대학생 때 매형을 만나 결혼을 했다. 그런데 결혼 이후 불임 기간이 길어졌다. 누나는 불안했던지 여러 의사들을 찾아다녔고, 임신을 고대하며 하나님께 열심히 기도했다. 나는 생명은 하나님의 영역으로서, 불임을 받아들이고 아이를 입양하는 편이 더 좋을 것이라는 개인적인 의견을 가지고 있었다. 그러나 누나는 호르몬 치료를 시작했다.

그러던 어느 날 누나로부터 전화 한 통이 걸려왔다.

"한영아, 나 임신했어!"

나는 내가 임신한 것처럼 함께 기뻐했다.

"한영아, 내가 백일기도를 마치고 일주일이 지난 날 캘리포니아에 사시는 시어머님으로부터 전화가 왔는데, 아침에 기도하다가 내가 임신했다는 응답을 받으셨다는 거야. 병원에 가 보라고 하셔서 갔는데 임신이 확인됐어!"

나는 속으로 '누나, 그것은 기적이 아니라 의학적으로 월경 주기가 딱 맞아떨어진 임신이야'라고 말하고는, 진심으로 누나를 축하해 주었다.

그 후 약 3개월이 지났을 무렵이다. 명자 누나로부터 또 전화가 왔다.

"한영아…, 너무 아파 죽겠어."

고통스러운 목소리였다.

"누가 도끼로 내 두 다리를 자르는 것 같아…. 어느 때는 칼로 내 엉덩이와 다리를 자르는 것 같아! 한번 와서 봐 줄래?"

나는 곧바로 주말 비행기를 타고 상파울루로 날아갔

다. 누나는 침대에 누워 너무 아파 어찌할 바를 모르고 있었다. 당시 나는 비록 새내기 인턴이었지만 검진을 한 후 두려운 생각이 들었다.

'혹시… 허리 척추나 엉덩이뼈에 암 덩어리가 있는 것은 아닐까?'

차마 속생각을 말하지는 못하고 누나에게 월요일에 꼭 대학병원 산부인과를 찾아가라고 간절히 권면했다. 그러고는 인턴 수료 과정을 지내고 있던 대학병원으로 돌아왔다.

다음 주 산부인과에서는 누나의 허리와 다리 통증은 커진 자궁으로 인해 척추가 압박을 받아 생긴 신경통이라며 별일 없다는 진찰을 내렸다. 누나는 그 말을 믿었고, 백일기도를 드려 하나님의 응답으로 얻은 아기라며, 아무리 아파도 진통제 한 알도 먹지 않고 고통스러운 통증을 참기만 했다.

그런데 사실 누나의 엉덩이뼈 속에는 육종(sarcoma)에 속하는 암 덩어리가 자라고 있었다. 암 덩어리가 척추의 허리뼈를 부수면서 엉덩이뼈로 퍼져 나갔고 신경을 조이기 시작했던 것이다.

실보다 가느다란 이빨 신경을 조금만 건드려도 견딜 수 없을 만큼 통증이 심한데, 누나의 경우 암 덩어리가 엉덩이의 생뼈를 부수며 굵은 신경 줄기들을 누르는 데다, 태아와 자궁이 커지고 양수가 늘면서 압력이 몇 배로 늘어 인간으로서는 도저히 견딜 수 없는 통증 수준에 다다랐다. 거기다 임신 기간에는 태아의 성장을 돕기 위해 여성 호르몬이 보통 10-17배 더 많이 분비되는데, 누나의 경우에는 암세포들을 더 빨리 증가시키고 자라게 하는 데 작용했다.

그러나 누나는 매형과 지인들의 간절한 조언에도 불구하고 하나님이 주신 아기만 태어나면 괜찮을 것이라는 신념으로 병원에 가지 않았다. 그리고 하루에도 몇 번씩 찾아오는 기절할 정도의 통증을 모성애로 지독하게 참아 냈다. 이는 너무나도 터무니없는 의사의 오진과 그릇된 신앙의 결과였다.

임신 4개월이 되면서 매형은 누나를 브라질에서 미국 친정으로 보냈다. 황당하게도 미국 병원에서도 오진을 했다. 임신 8개월이 되어서야 MRI 촬영을 한 병원에서 난리가 났다. 도대체 어떻게 이런 일이 있을 수 있을까? 허리척추와 엉덩이뼈가 거의 모두 부서진 상태였다.

아픔을 견디다 못해 누나는 혼수상태가 되었고 응급으로 제왕절개를 해 핏덩어리인 딸아이는 인큐베이터로 들어갔다.

나는 누나의 소식을 듣고 모든 일을 중단하고 일단 미국으로 급히 갔다. 미국 뉴저지 병원 의사들은 비상회의를 소집했고, 나도 초청되어 참여했다. 결론적으로는 너무 늦었고, 다만 호스피스 차원에서 상상을 초월하는 누나의 통증을 치료하는 데 집중하기로 했다.

하지만 메타돈(Methadone)이라는 오피오이드(합성 마취약) 대체 약을 30mg으로 시작해 100mg까지 올렸지만 통증을 제어할 수가 없었다. 누나는 약물로 인한 깊은 수면상태에서도 온몸을 심하게 비틀며 견딜 수 없는 통증에 계속 무의식중에 소리를 질렀다.

의사들은 끝내 호스피스로 들어가는 데 있어 최종적으

로 두 가지 통증 억제 방법을 제안했다. 하나는 목 척추 부위를 열어 레이저로 신경을 차단해 하반신의 통증을 제거하는 것이고, 또 하나는 가스 마취제로 전신 마취를 시키는 것이었다.

진지한 가족회의를 거쳐 우리는 시술이 좀 더 간편한 전신 마취를 택했다. 매형은 얼마나 통곡하며 기도했던지 목소리를 잃어버렸다. 나는 담당 의사에게 물어봤다.

"전신 마취를 시키면 어떻게 되는 것이지요?"

"네…. 잘 아시다시피 3-4일, 최대 일주일 안에 폐가 멈추게 될 것 같네요…."

"그렇군요…."

나는 아버지와 매형과 의논해 명자 누나의 장례식을 준비했다.

명자 누나는 미국의 독립기념일인 7월 4일 아침에 마취 시술을 받기로 했다. 브라질에 있던 누님들이 합류하면서 병상에 있는 명자 누나를 포함해 오랜만에 오형제가 모두 한자리에 모였다. 나뿐만 아니라 두 누님과 여동생 모두가 명자 누나를 진심으로 사랑했다. 큰누님과 둘째 누님은 브라질에서의 사업을 다 뒤로하고 명자 누나를 간병하고자 미국으로 왔다.

마취 시술을 받기로 한 전날 밤, 아버지는 집중치료실(ICU) 개인 방에서 약물 수면 상태에 있던 명자 누나와 마지막으로 가족 예배를 드리자고 제안하셨다.

나는 혼자 차를 몰고 병원에 제일 먼저 도착했다. 껍데기만 그리스도인이었던 나는 하나님이 원망스러웠다.

'전지전능하고 선하신 하나님이라면 왜 나 같은 죄인을 놔두고 명자 누나같이 착한 사람에게 아기를 주신 후 변덕스럽게도 암을 주신 것일까?'

만감이 교차하는 가운데 누나의 병실 문을 열었다. 나는 그 순간 말로는 다 표현할 수 없는, 사람들이 믿지 못할 광경을 보았다. 약물 치료로 혼수상태였던 명자 누나가 반신을 일으킨 상태로 침대에서 발작을 하고 있었다. 양쪽에 분명히 2명의 간호사들이 어슬렁거리고 있었는데, 나를 향해 얼굴을 돌린 순간 몸은 사람이지만 얼굴은 늑대로 변했고 눈에서 독기를 분출하며 누나를 제압하기 시작했다. 나는 순간적으로 몸이 움직이지를 않았다.

'아니! 마귀와 지옥이 있다니!'

어려서부터 욕이라는 것을 해 본 적이 없는 누나가 "저 쌍년들 내보내!" 하며 소리를 지르더니 나를 보자마자 나에게 손가락질을 하며 또다시 소리를 질렀다.

"한영아! 나는 너를 증-오-한-다! 나 지옥에 갈 거야! 나 지옥에 가!"

옆에서 '늑대 여인들'은 소름 끼치는 미소를 짓고 있었다. 순간적으로 벽에 부딪친 나는 병실 밖으로 뛰쳐나왔다. 서둘러 입원실 카운터로 가 수간호사의 도움을 요청했다.

"제 누나 병실에 이상한 사람들이 있어요!"

수간호사는 나의 등을 감싸며 "이 선생님, 진정하세요. 그 안에는 아무도 없어요"라고 말했다. 수간호사는 내가 누나의 죽음이 임박해 심리적인 패닉 상태에 빠졌다고 생각하는 것 같았다.

나는 용기를 내어 다시 누나의 병실로 들어갔다. 누나는 나를 보자마자 또다시 소리를 질렀다.

"한영아, 나는 너를 증-오-한-다! 나 지옥에 갈 거야!"

조금 전 2명의 간호사들은 아무 일도 하지 않고 구석에서 우리 둘의 모습을 바라보기만 했다.

그때 부모님과 할머니가 누님들과 함께 병실로 들어오셨다. 명자 누나는 아버지를 보자마자 또 소리를 질렀다.

"증오해! 증오해!"

할머니가 급히 침대 쪽으로 가서 누나의 양 어깨를 잡고는 부모님과 합세해 통성으로 기도하시기 시작했다. 그러자 누나는 털썩 뒤로 눕더니 이상한 소리를 내기 시작했다.

"샬라홀라~랄랄샬랄~"

나는 믿을 수 없는 광경에 너무 두려워 침대 옆 바닥에 무릎을 꿇고 혼잣말로 기도를 시작했다.

"하나님…, 누나를 살려 주세요. 살려 주시지 아니하시더라도 천국에 가게 해 주세요. 그러면 제가 꼭 목사가 되겠습니다!"

훗날 가끔은 후회가 되었던 서원 기도를 급하게 해 버렸던 것이다.

갑자기 병실이 조용해졌다. 아직도 옆에 서 있는 무서

운 두 간호사들을 보니 정상적인 얼굴을 하고 있었다. 명자 누나는 잠시 눈을 뜨더니 "아버지, 걱정 마세요. 앞으로 천국에서 만나요"하며 약물로 인한 깊은 수면에 들어갔다. 나는 그날 밤을 꼬박 새웠다.

7월 4일 오전 7시, 수술실 앞에서 대기하고 있는데 아버지가 내 손을 잡더니 한동안 침묵으로 눈물을 흘리셨다.

"한영아, 누나 마취하는데 네가 좀 따라 들어가서 마지막으로 옆에 있어 주렴. 기도도 해 주고…."

"아버지, 수술실에는 가족이 들어갈 수 없어요."

"너는 의사니까 마취의에게 부탁해 봐라, 아버지의 소원이라고…."

너무 간절해서서 수술실 쪽으로 오는 마취의에게 다가가 부탁했다.

"문제없어요. 당신도 의사인데 들어가서 같이 합시다!"

마취의는 흔쾌히 허락했다. 나는 수술복으로 갈아입고 시술을 시작하는 마취의와 간호사 옆에 서서 속으로 기도하며 누나를 지켜보았다.

누나에게 근육 이완제를 주사하고 가스 마스크를 씌우

려는 순간이었다. 갑자기 명자 누나가 눈을 떴다! 마스크를 쓰고 머리맡에 서 있던 나는 깜짝 놀라 "누나!"라고 했다. 그러자 누나가 "배고파…"라고 말하는 것이었다. 마취의가 놀란 표정으로 나에게 "뭐라고 했나요?"라고 물었다.

"배고프다고 하네요!"

미국 의사는 배고프다는 사람에게 어떻게 마취를 하느냐며, 잘못하면 안락사를 범하는 것이 된다며 일단 시술을 취소하고 이후 조치를 의논하자고 제의했다.

만약 그날 마취를 했다면 명자 누나는 3-4일 후 관에 들어가 있었을 것이다. 그러나 이후 누나는 27년이라는 세월을 살았다. 당시 조산아로 태어난 딸은 지금 성인이 되어 건강한 아들을 낳고 사랑하는 남편과 함께 캘리포니아에서 잘 살고 있다.

명자 누나가 죽지 않은 것은 기적이고 감사한 일이었다. 그러나 누나의 27년 세월은 하루 24시간 고통과 고난의 연속이었다. 1년이면 6개월 이상을 병원이나 집에서 병상 생활로 보냈으며, 힘든 치료와 수술을 받아야 했다. 아버지가 적어 두신 기록에 의하면, 명자 누나는 27년 동안 크고 작은 60여 차례의 수술을 받았다.

약물로도 통제가 안 되는 심한 통증이 지속되었고, 피부가 썩어 들어 가기도 했다. 복벽을 뚫고 대소변을 체외로 배설하기 위해 수술한 장루와 요관조루에서는 늘 피가 흘렀고 염증이 떠나지 않았다. 하반신의 부분적 마비로 휠체어를 타고 다닐 수는 있었지만, 감각을 잃어 반복되는 요도염과 방광염을 초기에 인지하지 못해 혈액을 통해 온몸에 균이 퍼지는 패혈증에 걸려 정신을 잃고 죽음의 문턱을 드나든 적이 한두 번이 아니었다. 때로는 해열제와 항생제로도 고열을 억제할 수 없어 차디찬 병원 얼음 탱크에 몸을 담그기도 했다.

재활 병원에 3개월 동안 입원해 있던 어느 날 밤, 명자 누나는 옆에서 간병을 하던 나에게 속삭였다.

"한영아, 너는 화장실에 가서 대소변을 볼 수 있는 것, 잠자리에서 몸을 마음대로 돌릴 수 있는 것, 창문을 열고 하늘의 별을 볼 수 있는 것에 대해 감사해야 한다…."

보통 사람들에게는 너무나도 당연한 것들이 누나에게

는 절대 누릴 수 없는 특권이었던 것이다. 누나의 병상 옆에는 교통사고로 얼굴 표정 외에 온몸이 마비된 한 청소년이 있었다. 명자 누나는 그에 비하면 감사하다며 그나마 스스로를 위로했다.

마침 시술 취소 사건 직후 명자 누나는 자신이 일주일을 살기가 힘들 것이라 생각해 남편에게 교회 화장실을 청소하게 해 달라고 부탁했다. 누나는 남편에게 업혀 그 힘든 몸으로 교회에 가서 화장실을 청소했다. 원래가 워낙 깔끔한 성격이라 더러운 것을 못 보는 누나는 이후 생명이 연장되어 거의 27년 동안 교회 화장실을 청소했다. 그리고 나중에는 휠체어를 타고 심한 통증을 참으며 교회 청소, 화단 정리, 주일학교 교사, 성가대, 구역 예배 인도를 했다.

그런가 하면 자신처럼 아픈 이웃들을 늘 찾아가 위로했다. 자기 몸도 지탱할 수 없는 상황에서 긴 시간 누나의 손발이 되어 주신 교회 안에서 자매 된 정미숙 집사님의 등에 업혀 목 밑으로는 움직이지 못하는 루게릭병에 걸린 교회의 다른 자매를 정기적으로 방문하며 섬겼다.

놀랍게도 명자 누나는 눈동자 외에는 움직일 수 없는 그 자매와 어느 정도 소통이 가능했다. 어느 날 누나는 그녀의 눈빛을 통해 그녀가 임신했음을 알게 되었다. 믿기 힘든 일이었지만 누나는 그 사실을 의사에게 알렸고, 실제로 임신한 것으로 확인되었다. 그때 태어난 아이는 지금 든든한 청년으로 성장했다.

또한 누나는 영어가 어려운 이민자들을 통역으로 섬기기도 했고, 넘어지고 다치고 휘청거리며 사회복지사를 찾아가 재정적인 도움을 주기도 했다.

"한영아, 내가 오늘 사회복지사에게 한 분을 데려갔는데 송장같이 삐쩍 말라 휠체어를 타고 있는 나를 보면서 누가 누구를 도우러 왔느냐고 묻더라. 하하~!"

명자 누나는 병원에 입원해 있을 때도 병동 환자들에게 자신의 몸에 난 상처들을 보여 주며 그들을 위로했다. 그런가 하면 그들에게 임종 예배를 드려 주기도 했다. 고난을 공감으로 승화시켰던 것이다.

나는 명자 누나를 통해서 서로의 아픔에 공감하는 것

보다 더 큰 위로는 없음을 알게 되었다.

나의 매형 김태일 장로는 아내인 명자 누나를 27년이
라는 긴 세월 동안 옆에서 변함없이 간호해 주었다. 하루
종일 사업에 종사하고 귀가하면 힘든 몸에도 매일 누나의
대변 주머니와 소변 주머니를 갈아 주고, 상처에 약을 발
라 주고, 목욕을 시키고, 열심히 마사지를 해 주었다. 통증
으로 인해 신경이 예민해질 대로 예민해진 누나를 늘 웃
는 얼굴로 위로해 주었다. 하루도 아닌 27년이었다.

그러다 누나가 입원을 하면 옆에서 철야 기도를 하며
온갖 수종을 다 들었다. 그 모습이 얼마나 진실하고 지속
적이었던지 미국 의사들과 간호사들이 감탄하며 누나에게
이렇게 말하곤 했다.

"당신은 투병 중에 있으나 가장 행복한 사람입니다. 지
구상에 당신의 남편과 같은 사람은 아마 없을 거예요."

매형은 매번 새로운 성경 구절을 종이에 써서 누나가
볼 수 있도록 집 안 이곳저곳에 붙여 놓았다. 몸에 좋다는
것은 뭐든지 지극정성으로 구해 왔다.

언젠가 누나 때문에 오랜 세월 여행 한 번 제대로 갈 수 없었던 매형이 안타까워 제안을 한 적이 있다.

"매형, 어디로 긴 여행 좀 다녀오세요. 제가 누나를 돌봐 드릴게요!"

그러나 매형은 극구 사양하며 이렇게 말했다.

"아냐. 나같이 못난 사람에게 하나님이 사랑할 수 있는 아내를 바로 옆에 주셨는데 얼마나 감사하니. 나는 정말 감사할 뿐이야!"

밤에도 편한 잠 한 번 제대로 푹 잘 수 없었지만, 매형은 늘 하나님께 감사하며 마치 새 신부를 돌보듯이 누나를 변함없이 사랑해 주었다. 누나는 자주 나에게 이렇게 말했다.

"한영아, 나는 사람하고 살고 있는 것이 아니라 천사하고 살고 있는 것 같아!"

지금으로부터 10여 년 전 아버지가 한국에 와서 이런 말씀을 하셨다.

"한영아, 시간을 좀 내서 신학 관련 책들만 쓰지 말고 누나의 이야기를 좀 써 보면 어떻겠니? 내가 책 제목도 만들어 놓았다."

"제목이 뭔데요?"

"아, 제목은 '이런 사람도 있다'이다."

매형을 가리키신 것이다. 그러면서 그동안 명자 누나에게 일어났던 일들을 요약한 원고를 나에게 주고 가셨다.

진정한 공감

명자 누나의 고난은 온 가족과 공유되었다. 우리는 그 고난을 통해 가족의 사랑이 무엇인지 알게 되었다. 그리고 그 고난은 나로 하여금 이전에는 무관심했던 이웃의 아픔을 조금씩 공감하게 했다.

인턴 수료 과정 중인 어느 날이었다. 퇴근 시간이 되어 병원 복도를 지나는데 병실에서 한 소년의 신음 소리가 들려왔다. 예전 같으면 별일 아닌 듯 지나쳤을 텐데, 명자 누나가 아픈 이후 언젠가부터 이웃의 아픔에 공감하는 속성이 내재하기 시작했다.

'얼마나 아플까…. 저 소년의 신음 소리에 그 가족은 얼마나 마음이 힘들까….'

발길을 돌려 병실로 들어갔다. 뼈만 남은 16세 소년의 피부에는 온통 살구만 한 암 덩어리들이 여기저기 불쑥 솟아나 있었다. 왼쪽 눈은 안쪽에서 암 덩어리가 비어져 나와 안구가 바깥쪽으로 튀어나온 상태였다. 얼마나 아파하던지…. 아니, 아프다 못해 모든 것을 포기한 모습이었다. 나는 잠시 차트를 읽어 보고 기숙사로 돌아왔다.

침대에 누웠지만 잠이 오지 않았다. 이전 같으면 병원이라는 곳이 환자 천지이기에, 잠을 못 잘 이유가 없었다. 그러나 나는 고난의 공감을 알게 되었다. 다시 일어나 옷을 갈아입고 늦은 밤이지만 병원으로 향했다. 소년의 병실에는 그의 어머니와 할머니가 함께 계셨다. 소년의 신음 소리는 계속되고 있었다.

"으…, 으으…"

차트에 기록된 이름을 보고 대화를 시작했다.

"나는 너의 담당 의사가 아닌데, 그냥 네가 보고 싶어서 왔어."

소년은 겨우겨우 숨을 쉬며 한 눈으로 나를 바라보았다.

"음…, 나에게는 누님이 한 명 있는데…"

이어 그동안 정말 고통스러웠던 명자 누나의 이야기를 나누었다. 소년은 이야기를 들으며 아픈 가운데서도 힘겨운 웃음을 자아내기도 했다.

갑자기 병실 안이 따뜻해지기 시작했다. 그리고 나는 성령님이 그 방에 충만하게 역사하시는 것을 느꼈다. 이전까지 그 누구에게도 복음을 전해 본 적이 없는 나였는데 소년에게는 꼭 들려주고 싶었다.

"내가 너한테 꼭 한 가지 더 해 주고 싶은 이야기가 있는데, 말해도 될까?"

"네에~, 그렇게 해 주세요….".

"그래, 예수님은 인류의 죄를 대신해 십자가에서 고난을 받으셨단다. 너와 내가 예수님을 영접하면 우리는 더 이상 아픔이 없는 천국에서 영생하게 되는 것이지. 지금의 고난은 영원에 비하면 잠시란다. 예수님을 마음에 구세주로 영접하겠니?"

그 순간, 내 이야기를 열심히 듣고 있던 소년의 얼굴이 아주 밝아졌다.

"네, 예수님 영접해요!"

옆에 계신 할머니와 어머니께도 말씀을 나누자 나를 향해 고개를 끄덕끄덕 하셨다.

"아드님이 예수님을 영접하는데 같이하시고 모두 천국에 가셔야지요. 제가 혹시 기도를 해도 될까요?"

이전에 해 보지 못했던 뜨거운 기도가 자연스럽게 터져 나오기 시작했다. 정말 내가, 내가 아니었다. 이는 고난에 대한 진정한 공감으로 가능한 일이었다.

기쁜 마음으로 기숙사로 돌아왔다가 새벽같이 소년의 병실으로 다시 뛰어갔다. 예수님의 무덤처럼 방이 비어 있었다. 소년은 내가 떠난 후 새벽 3시에 주님의 부르심을 받았다. 언젠가 천국에 가면 그 소년이 나를 반가이 맞이할 것이다.

고난으로 인해 아파하는 사람이 있다. 그는 긍휼히 여김을 받아야 할 것이다. 그러나 오직 그 아픔에만 머문다면 그는 작은 고통에도 절망할 것이다. 고난을 원망하는 사람이 있다. 그는 위로를 받아야 할 것이다. 그러나 그 원망에만 머문다면 그는 항상 불행할 것이다. 고난 앞에서 정답을 추구하는 사람이 있다. 그에게는 최선의 설명이 필요하다. 그러나 답이 없는 질문에만 머문다면 그는 좌절하고 비평할 것이다.

고난을 이웃에 대한 공감으로 승화시키는 사람이 있다. 그는 서로의 아픔을 통해 발화되는 사랑을 배우게 될 것이다. 웃는 자와 웃고, 우는 자와 울며 열방을 중보하는 복의 통로가 될 것이다. 고난 앞에서 십자가에 달리신 예수 그리스도를 바라보는 사람이 있다. 그는 이웃을 천국으로 인도할 것이다. 이는 고난의 신비가 함축하고 있는 구속적 공감이다.

Part 2

하심下心,
마음에 새겨진
고난

듣는 자가 다 목자들이 그들에게 말한 것들을 놀랍게 여기되

[그러나, ἡ δὲ] 마리아는

이 모든 말을 마음에 새기어 생각하니라

_ 눅 2:18-19

소통하는 마음

아프가니스탄 전쟁이 한창일 때 미 국방부에서 징병 미달로 인해 특별히 군목을 급히 모집한 적이 있다. 종파를 초월해 미국 내 모든 교단에게 공문을 보냈기에 미주 한인 교회들도 기회로 삼고 많은 지원자를 파견했다. 그중에는 영어가 잘 안 되는 교포 목사들도 있었다. 그런데 소통에 있어서 가장 기본인 언어가 안 되는 상황에서 어떻게, 그것도 군목으로 사역을 할 수 있었을까?

나는 용산 미8군에서 4년 동안 미 육군 시간제 군목으로 복무했다. 100일 동안 사우스캐롤라이나주에 있는 신병훈련소에서 장교 훈련을 받았는데, 전시에 군목은 후방이 아니라 목숨을 걸고 장병들과 같이 전선으로 출정해야 하므로 실제 전쟁 정황을 재현하는 고된 훈련을 받았다.

그런데 당시 신체적 훈련보다 더 힘든 것이 있었다. 전술 훈련과 동시에 새벽 체력 훈련이 끝나면 전혀 예기치 못했던 학문적인 수업이 거의 매일 온종일 집중적으로 진행되었던 것이다. 국방 조직, 지정학적 국제 전략, 미국 헌법과 군법, 심리 상담, 재무, 행정, 대중 관계 등 영어를 모르면 도저히 수료할 수 없는 과정이었다.

그런데 영어가 잘 안 되는 한 군목을 알게 되었다. 그는 비록 영어는 짧았지만 신병훈련소에서 그 누구보다도 전도를 잘하고 신병들에게 인기도 좋았다. 군대를 갔다 온 분들은 잘 알겠지만, 정말 고된 신체 훈련을 마치고 나면 마음이 한없이 여려지고, 생각하는 합리적인 존재에서 단순히 느끼는 감각적인 존재로 변신하게 된다. 그렇게 싫었던 집이 그리워지고 "어머니"라는 작은 소리에도 눈물이 펑펑 쏟아진다.

그 군목은 신체 훈련이 끝나는 시점에 맞춰 신병들을 찾아갔다. 영어를 잘 못하기 때문에, 미군들과 문화가 다르기 때문에, 교육에 차이가 있기 때문에 등 마음의 편견을 다 내려놓고 신병들에게 접근했다.

"나는 영어를 잘 못하는데…, 한국말로 너를 위해 기도해도 될까?"

힘든 훈련이 끝나고 장교가 기도로 위로해 주겠다는데 마다할 신병은 없다.

"네!"

그때 그는 병사를 두 팔로 꽉 껴안고 사랑으로, 마음과 뜻과 힘을 다해 한국식 '주여 삼창'을 외치며 통성으로 기도해 주었다.

"주~여! 주~여! 주~여! 이 죄인을 불~쌍히 여겨 주옵소서!"

그런데 웬 기적인가! 미국 병사들이 알아듣지도 못하는 군목의 기도에 진정한 위로와 감동을 받으며 흐느껴 우는 것이었다. 그리고 그들은 그 기도를 못 잊어 휴가 때나 제대 후 자기 고향 교회로 그를 초청하기도 했다. 덕분에 그는 미국 여러 주로 '콩글리시'(한국식 영어) 간증 집회를 다닌다고 나에게 자랑을 했다.

그렇다. 유창한 영어보다 더 확실한 국제적 소통의 도구는 공감하는 마음이다. 뛰어난 수사력보다 혹은 논리적인 담론보다 더욱더 효과적인 설득의 매체는 진실된 마음의 전달이다. 그러기 위해 우리는 마음에 있는 더러운 것들을 비우고 정결한 것들로 채울 필요가 있다.

나는 어려서부터 남미, 미국, 아프리카, 유럽을 돌아다니며 살았다. 내가 다민족, 다문화적 환경에서 경험하고 깨달은 한 가지 중요한 사실이 있다. 서로의 언어와 피부색이 다르고 각자 살아온 경험이 다르다 할지라도 얼굴을 맞대고 마음을 진솔하게 열기만 한다면, 도저히 극복될 수 없어 보이는 많은 외적인 차이점은 사라질 수 있다. 또한 인생의 고난이라는 공통점에서 모든 사람은 서로 공감하며 소통할 수 있다.

사랑은 상호적 실력이나 자랑이 아니라 상호적 취약성으로부터 발화된다. 그리고 진정한 취약성은 마음을 열고 비우는 데서 시작된다.

명자 누나가 미국 필라델피아 병원에 입원한 지 6개월이 지났을 때다. 벌써 죽었어야 할 사람을 온갖 첨단 의료

기구로 억지로 숨만 쉬게 해 삶을 유지시킨 것 같았다. 그
것도 끊임없는 고통 가운데서 말이다. 정말이지 하루하루
가 지옥 같았다.

1회가 아닌 시간당 10mg의 메타돈을 정맥 주사(IV)로
하루 24시간 지속적으로 투입했다. 그것도 모자라 모르핀
을 근육 주사로 더했다. 그래도 명자 누나는 1시간이 멀다
하고 견딜 수 없는 통증으로 인해 몸을 뒤틀며 괴로워했
다. 깊은 약물 수면에서 조금이라도 깨어나면 소리를 지르
며 어찌할 바를 몰라 했다. 생뼈가 부서지고, 암 덩어리들
이 신경 줄기들을 파고들어 갔다.

오피오이드 합성 마취약을 장기간 투여해서 창자가 마
비되었고 가스가 차면서 꼬이기 시작했다. 복벽에 대변 배
출을 위한 장루를 만들어 주기 이전이라 라텍스 장갑을
끼고 수작업으로 수시로 대변을 빼 주어야 했다. 자유롭
게 움직일 수 없는 몸을 오랜 시간 지탱하느라 살이 여기
저기 썩어 들어 갔다. 1시간도, 2시간도 아닌 하루 24시간,
그것도 매일, 27년의 세월이었다.

어느 날 밤, 병실에서 잠시 정신이 돌아온 명자 누나가 옆에서 간병하고 있는 나를 보며 괴성을 질렀다.

"예수님은 십자가에서 몇 시간밖에 안 아프셨잖아~아~아~아~아!"

나는 뒤통수를 크게 한 대 얻어맞은 느낌이었다. 온몸에 식은땀이 흐르며 왠지 두려웠다. 그리고 누나가 불쌍하다 못해, 이제는 마음에 분노가 차올랐다.

'도대체 무엇을 위해, 누구를 위해 명자 누나의 생명을 이렇게 연장시켜야 하는 것인가? 저 고통을 빨리 끊어 주는 것이 누나를 진정 위하는 일이 아닌가?'

병원에서는 명자 누나의 상황이 워낙 심각하고 유일해 미국에서는 드물게 가족이 간병을 할 수 있도록 특별 조치를 취해 주었다. 간병을 하던 나는 밤중에 간호사들이 자리를 비우면 몰래 메타돈 용량을 시간당 10mg에서 100mg 이상까지 올렸다. 그리고 누나의 숨소리를 주시했다. 내가 살인죄로 지옥에 가더라도 누나의 고통을 끊어 주고 싶었던 것이다. 매형과 두 누님들까지 4명이 번갈아 가며 밤에 간병을 했는데, 내가 갈 때면 장기간 어김없이 메타돈 용량을 거의 안락사 수준으로 올렸다.

놀라운 것은 그럼에도 불구하고 명자 누나가 오히려 통증을 더 호소하며 끈질기게 생명을 지탱했다는 것이다. 더이상한 점은 내가 있는 상황에서 두 누님들이 간병을 오면 명자 누나가 좀 더 진정하는 모습을 보였던 것이다. 나는 왠지 두려웠다.

병원에 가면 나는 매번 누나 차트의 혈액 검사 결과와 간호사들의 기록을 확인했다. 그러던 어느 날, 차트에 적힌 한 간호사의 기록을 보고 깜짝 놀랐다! 보통 병상 일지에 갈겨쓰는 일반적인 의학 용어나 약자가 아닌 정갈한 정자체로 간호사의 서술문이 씌어 있었다.

"환자 이명자 씨는 오늘도 심하게 통증을 호소했다. 그녀를 번갈아 간병하는 한 명의 남동생과 두 자매가 있는데, 남동생이 오는 날에는 통증이 훨씬 더 심해지고 두 자매가 오는 날에는 통증이 완화되는 것 같다. 일관된 현상이라 이상하다."

가슴이 철렁했다! 나는 그날 밤 이후로 더 이상 메타돈 용량을 조절하지 않았다.

두 누님은 오직 여동생을 꼭 살려야 한다는 마음으로 간병을 시작하는 즉시 열심히 기도하며 동생의 온몸을 마사지해 주었다. 메타돈도 별 효과가 없는 통증을 어떻게 마사지로 완화시킬 수 있었겠는가? 그런가 하면 나는 장기적으로 폐의 기능을 약화시키는 수준까지 메타돈의 용량을 올려 주입했으나 오히려 누나는 아픔을 더 호소했던 것이다.

물론 지금 생각해 보면 그것은 정말 하나님의 은혜요, 하나님이 명자 누나의 생명을 보호하시고 나의 살인 행위를 막으신 일이었다. 그러나 그것은 또한 분명히 마음의 능력을 함의하는 사건이었다. 두 누님의 살리려는 마음은 동생의 통증을 완화시켰고, 명자 누나를 죽이려는 나의 마음은 그 통증을 악화시켰던 것이다. 마음에는 치유의 능력이 내재하는 것이다.

나의 모든 것은 나의 마음에 살고 있다. 아니, 진정한 나는 나의 마음에 존재한다. 나의 마음이 곧 진정한 나인 것이다. 따라서 서로가 소통하고 사랑하려면 마음을 먼저 열고 비워야 한다. 마음에 꽉 차 있는 더러운 잡동사니들을 다 내려놓아야 한다. 마음에 무엇을 비우고 채우느냐에 따라, 마음에 무엇을 지우고 새기느냐에 따라 자신과 이웃을 향한 자기 정체성이 성립된다.

진실된 모든 것은 마음에서 시작되고, 마음에 담기고, 마음에서 마음으로 전해진다. 속으로 들어오는 것이 사람을 더럽게 하는 것이 아니라 속에서 나오는 것이 사람을 더럽히기 때문이다(마 23:25-28; 막 7:23).

나의 마음은 한때 음란, 우상 숭배, 증오, 분쟁, 시기, 분노, 분열, 원망, 탐욕, 이기적인 편견, 그리고 죄책감으로 꽉 차 있었다(갈 5:19-21). 그러한 잡동사니 마음으로 아무리 말을 잘한들 마음에서 마음으로 전하는 일은 할 수 없다. 그러므로 진정한 자아의 발견과 소통 이전에 선행되어야 하는 것은 마음의 정결이다.

시내산 기슭에서 1년을 머물다 가나안을 향해 척박한 광야로 진군해야 했던 언약 백성에게 하나님이 준비 과정으로 명하신 것은 음식이나 옷이 아니었다. 하나님이 내리신 명령은 오직 진영을 정결하게 하는 것이었다(민 5:1-31). 거룩하신 하나님은 오직 정결한 진영 가운데서만 이스라엘과 동행하실 수 있었기 때문이다.

하나님과 이웃과의 진정한 소통, 그것은 나의 더러운 마음을 열고 비울 때 비로소 가능하다.

마음에 새겨진 고난

고난은 나에게 항상 신비롭다. 불청객인 고난이 오히려 나의 마음을 정결하게 하고 성화시키기 때문이다. 더신비스러운 것은 내 마음에 새겨지는 고난이다. 세상의 고난이 내 마음에 새겨질 때 그것은 나를 아프게만 한다. 그러나 사랑하는 사람의 고난이 내 마음에 새겨지면 그것은 나를 사랑의 사람으로 변화시킨다.

명자 누나는 기나긴 27년간의 암 투병을 마감하고 지금은 천국에서 안식하고 있다. 누나는 생전에 자신의 불행한 아픔을 원망하기보다는 이웃의 고난에 공감하는 존엄한 근거로 삼았다. 언젠가 누나는 나에게 이렇게 말했다.

"한영아, 나는 내려가려야 더 내려갈 데가 없는 것 같아…. 솔직히 나는 내가 예쁘고, 똑똑하고, 잘난 줄 알았는데 이게 뭐니? 대변 주머니, 소변 주머니를 차고 있으니…. 이제 나는 마음을 다 비웠어…."

명자 누나는 그 비운 마음에 그리스도의 고난을 새겼고, 이웃의 고난을 향한 공감으로 가득 채웠다. 그 공감은 누나가 죽은 이후에도 누나가 기증한 장기들을 통해 누군가의 눈을 밝히고 있으며, 누군가의 폐와 간이 되어 숨 쉬고 있다. 누나는 그 비운 마음에 새긴 그리스도의 고난으로 나같이 못난 동생을 주님의 종으로 양육했다. 그리고 이 책의 동기가 되어 주었다. 나 역시 그러한 누나의 고난을 마음에 새기고 있다.

솔직히 명자 누나의 병상 옆 바닥에서 목사로 서원한 기도가 후회될 때도 있었다. 그리고 누나가 정말 그렇게 오래 살 줄도 몰랐다. 만약 누나가 일찍 죽었다면 나는 지금 분명히 이 글을 쓰고 있지 않을 것이다. 누나의 고난은 온전히 비워진 내 마음에 그리스도의 고난이 새겨질 때까지 지속되었다.

예수님의 어머니 마리아는 자신의 마음에 새겨져 있던 '내 아들 예수'를 내려놓고 그 자리에 '하나님의 아들 예수'의 고난을 새긴 여인이다.

　신약성경에는 '마리아'(Μαρία)라는 동일한 이름을 가진 여인들이 다수 나온다. 마르다의 자매이며 나사로의 여동생인 베다니 동네의 마리아, 예수님의 제자 야고보의 어머니 마리아, 일곱 귀신으로부터 해방되어 예수님의 죽음과 부활의 산 증인이 되었고 복음서에서 그 어떤 제자들보다 더 많이(12회) 언급되고 있는 막달라 마리아, 그리고 예수님의 친어머니인 마리아가 있다.

　이들의 공통점은 모두가 공유하고 있는 동일한 이름만이 아니다. 모두 예수님을 가장 가까이에서 섬긴 신실한 여인들이다. 예수께서 십자가에 달리셨을 때도 이들은 용감하게 그 곁을 떠나지 않았다.

　예수님으로부터 병 고침을 받고 빵(떡)을 얻어먹고 기적을 경험했던 사람들, 목숨을 걸고 따르겠다던 제자들, 그리고 종려나무 가지를 흔들며 예수님의 예루살렘 입성을 왕의 입성으로 환호했던 무리는 십자가의 고난 앞에서 모두 다 예수님을 배신하고 자기들이 원하는 길로 돌아갔다. 그들은 모두 예수님의 영광을 원했던 자들로서 예수님의 고난에는 등을 돌린 자들이었다. 그러나 십자가 아래까지, 무덤까지, 훗날 갖은 박해를 받으며 마지막까지 주님을 따르며 복음 사역을 감당했던 여인들이 바로 이 마리아들이다.

왜 그랬을까? 이들은 예수님을 단순히 머리에, 눈에, 입에, 혹은 배에 새긴 자들이 아니었다. 이들은 예수님을 마음에 새겼다. 우리는 복음서를 통해 예수님의 어머니 마리아가 바로 이 여인들의 신앙을 대표하고 있음을 알 수 있다. 그렇다면 예수님의 어머니 마리아, 그녀는 어떠한 사람인가?

신약성경에 헬라어로 표기된 예수님의 어머니 '마리아'(Μαρία)라는 이름은 헬라식 이름이다. 구약성경에는 마리아라는 발음의 이름이 부재하다. 그 대신 마리아의 히브리어 원조 이름인 '미리암'(Miriam, מִרְיָם)이 있다. 모세의 누이의 이름이다.

성경에서 미리암이나 마리아라는 이름은 우리가 보통 생각하듯 그렇게 흔한 이름은 아니다. 물론 신약 시대에는 마리아라는 이름이 많았을 것이라는 추측이 있지만, 구약성경에는 미리암이란 이름을 가진 이가 단 2명만 언급되고 있고, 신약성경에도 마리아라는 이름을 가진 여인은 4-5명에 불과하다.

그중 구약을 대표하는 여인인 모세의 누이 미리암과 신약을 대표하는 여인인 예수님의 어머니 마리아는 여러 면에서 서로 유사하다는 것을 알 수 있다. 한 가지를 지적하자면, 둘 다 '구속의 찬양'을 부른 여인들로 알려져 있다.

미리암은 홍해를 건넌 직후 출애굽기 15장 19-21절에서 모세를 통해 이스라엘을 애굽으로부터 구원하신 하나님을 찬양했다.

> 너희는 여호와를 찬송하라 그는 높고 영화로우심이요 말과 그 탄 자를 바다에 던지셨음이로다 출 15:21

마리아는 누가복음 1장 46-55절에서 장차 그리스도를 통해 이스라엘을 구속하실 하나님을 찬양했다.

내 영혼이 주를 찬양하며 내 마음이 하나님 내 구주를 기뻐
하였음은 그의 여종의 비천함을 돌보셨음이라 보라 이제
후로는 만세에 나를 복이 있다 일컬으리로다 눅 1:46-48

교회는 전통적으로 이 마리아의 찬가를 강림절 기간
중에 불러 왔다. 마리아의 찬가는 오늘날 우리에게 라틴어
"마그니피카트"(*Magnificat*, 하나님을 '높이다') 송가로 잘 알려
져 있다. 훗날 요한 바흐는 마리아의 찬가에 영감을 받아
아름다운 노래를 작곡했다. 마리아의 찬가는 지난 2천 년
동안 예배를 여는 가장 중요한 송영이 되었고, 교회사에
있어 가장 오랫동안 전승되고 있는 8대 찬송 중 하나다.

그러나 이러한 영광스러운 찬가의 배경에는 우리가 놓
쳐서는 안 되는 고난의 역사가 선행한다. 구원과 기쁨을
노래한 여인들의 찬가 뒤에는 마음을 비워야 하는 기나긴
고통의 시간이 있었다.

기독교사에서 예수님의 어머니 마리아의 이름은 다양
한 어원적인 의미로 해석되어 왔다. 그중에는, 역사적으로

가장 대표적인 것으로서, 초대교회 교부들 사이에서 인용되었던 '쓴 바다' 혹은 '괴로움의 바다'(sea of bitterness)라는 표현이 있다. 마리아의 고난을 쓴 바다로 묘사한 것이다. 바다처럼 크고 쓴 고난이다. 여기서 '쓴'이라는 단어의 의미는 히브리어 '마라'(쓴, 슬픔, מָרָה)에서 가져온 것이다.

그래서 역사적으로, 특별히 라틴계 가톨릭 국가들(스페인, 포르투갈, 프랑스, 이탈리아, 남미 국가들)에서는 마리아라는 이름을 독특한 복합형으로 작명해 왔다. 예를 들어, '마리아 돌로레스'(Maria Dolores)와 '마리아 메르세데스'(Maria Mercedes)가 있다. 마리아 돌로레스에서 '돌로레스'는 '아픔'이라는 의미를 가지고 있다. 이는 '비아 돌로로사'(*Via Dolorosa*, 고난의 길)에서도 묘사되고 있는 어근이다.

우리는 독일 벤츠사에서 생산하는 자동차 메르세데스를 잘 안다. 이 차의 이름은 벤츠사의 창설자인 칼 벤츠의 딸 마리아 메르세데스의 이름에서 따온 것이다. 메르세데스는 '연민'(mercy)을 의미한다.

이처럼 마리아라는 이름에는 바다만큼 깊고 큰 '마라', 즉 쓰고 아픈 연민과 고난이 스며 있다. 이는 역설이 아닐 수 없다. 마리아 하면 영광스러운 구속의 찬양 "마그니피 카트"가 떠오르기도 하지만, 한편 마리아 하면 아픔과 고 난이 떠오르기도 하는 것이다. 그 이유가 무엇일까?

먼저, 동정녀 마리아는 요셉과 정혼하고 동거하기 이 전에 아주 특별한 아기를 성령으로 잉태하게 될 것을 미 리 알게 되었다.

> 보라 처녀가 잉태하여 아들을 낳을 것이요 그의 이름은 임 마누엘이라 하리라 마 1:23; 사 7:14 참조

천사 가브리엘은 마리아에게 이 아기에 대해 보다 더 구체적인 내용을 계시했다.

> 천사가 이르되 마리아여 무서워하지 말라 네가 하나님께 은혜를 입었느니라 보라 네가 잉태하여 아들을 낳으리니 그 이름을 예수라 하라 그가 큰 자가 되고 지극히 높으신 이의 아들이라 일컬어질 것이요 주 하나님께서 그 조상 다

윗의 왕위를 그에게 주시리니 영원히 야곱의 집을 왕으로
다스리실 것이며 그 나라가 무궁하리라 눅 1:30-33

이는 이스라엘이 고대하던 메시아가 작은 고을 베들레
헴에서 무명의 동정녀 마리아를 통해 태어날 것이라는 구
원의 기쁜 소식이었다. 그러나 마리아 개인에게는 그 믿
을 수 없는 소식이 마냥 좋을 수는 없었다. 오히려 그녀에
게는 혼란과 근심을 더하는 소식이었다. 천사의 말을 들은
마리아는 이렇게 물었다.

마리아가 천사에게 말하되 나는 남자를 알지 못하니 어찌
이 일이 [나에게] 있으리이까 눅 1:34

당시 혼전 임신은 율법과 사회에서 암묵적으로 절대
금지된 사항이었다(출 20:14; 레 20:10; 신 22:13-19; 막 10:2-12;
고전 7:2-9; 히 13:4). 게다가 성령으로 잉태된다니! 아무리
그 시대에 상통했던 신화 이야기와 유사하다지만, 어린 마
리아에게 이는 황당무계하고 어이없는 말이 아니었을까?

이는 이스라엘의 전통 종교 문화적인 세계관에 어긋나는, 실제로 일어난다면 이해할 수도 감당할 수도 없는 고난의 메시지였다.

그럼에도 불구하고 마리아는 참 인성과 참 신성을 가지신, 인류 역사상 가장 논쟁적이고 갈등적이고 역설적인, 합리적인 이성으로는 도저히 이해하거나 믿을 수 없는 예수라는 아기를 잉태하고 출산했다.

누가복음 2장은 예수님의 탄생을 축하한 목동들의 이야기를 기술하고 있다. 목동들은 구유에 누인 아기 예수를 찾아와 어머니 마리아에게 한밤중에 들에서 천사들로부터 들은 천상의 노래에 대해 말해 주었다.

지극히 높은 곳에서는 하나님께 영광이요 땅에서는 하나님이 기뻐하신 사람들 중에 평화로다 눅 2:14

목동들의 간증을 들은 모든 사람은 정말 그런 일이 있었을까 하며 놀랐다(눅 2:18). 그러나 아기 예수의 어머니 마리아의 반응은 특별했다. 개역개정 성경은 이를 "마리아는 이 모든 말을 마음에 새기어 생각하니라"(눅 2:19)라고 번역하고 있다. 그러나 헬라어 사본을 직역하면, "그러나 마리아는 그 모든 말을 마음에 새기어 생각했다"라고 할 수 있다. 헬라어 본문에는 대명사 '마리아'(Μαριὰμ) 앞에 전치사 '헤 데'(ἡ δὲ, 그러나)가 기술되어 있다. 이는 이전 상황에 대한 반전을 함의한다. 목동들의 이야기를 들은 모든 사람은 그저 놀라기만 했지만, '그러나 마리아'(ἡ δὲ Μαριὰμ)의 반응은 달랐다는 것이다.

혼인 전 성령으로 잉태된 아기의 출산으로 혼란스럽기만 한 순간, 아마도 마리아는 전에 가브리엘 천사가 나타나 들려준 말을 떠올렸을 것이다. 그리고 금방 태어난 아기를 바라보면서 목동들의 말을 깊이 생각하며 마음에 새겼던 것이다. 개역개정 성경에서 '생각하니라'로 번역된 헬라어 동사 '쑴발로'(συμβάλλω)는 직역하면 '만나다'(meet) 혹은 '토론하다'(discuss)를 의미한다. 따라서 문맥상 누가복음 2장 19절을 "그러나 마리아는 그 모든 말을 마음에 되새겼다"로 번역할 수 있다.

내부 정황을 모르는 외부 사람들은 그저 전설과 같은 소식에 놀랄 뿐이었다. 그러나 마리아는 처녀의 몸으로 아기를 잉태하고 출산한 어이없는 현실 앞에서, '분명 내가 낳은 아기가 내 아들이 아니라 하나님의 아들'이시라는 고초를 그 마음에 '마라', 즉 쓰고 아픈 연민으로 되새겼다.

누가복음 2장은 목동들의 이야기에 이어 곧바로 예수님의 소년 시절에 일어난 아주 중요한 일화 하나를 소개하고 있다. 예수님은 12세 때 유월절을 맞이해 가족과 함께 예루살렘으로 올라가셨다. 갈릴리 나사렛에서 예루살렘까지는 약 30km 거리였다. 그 시절의 길 사정과 12세 소년을 둔 가족의 상황을 고려하면, 무사해도 이틀 길이 넘는 여정이었다.

예루살렘에서 유월절을 보내고 이미 하룻길을 돌아오던 길에 마리아는 아들 예수가 없어진 사실을 알게 되었다. 마리아는 아이가 당연히 친족 무리와 동행하고 있는 줄 생각했던 것이다. 당황한 마리아는 아이를 찾으러 급히 성전으로 돌아갔다. 그런데 가 보니 어린 예수님은 성전에서 율법을 가르치는 랍비들과 신학적 토론을 하고 계셨다.

그동안 마리아는 예수가 자신의 아들이지만 또한 하나님의 아들이시라는 모순을 마음에 되새기며 살아왔다. 그리고 이제 특별한 교육을 시키지도 않은 어린 아들이 '신학 박사'들과 토론하고 있는 광경을 보게 되었다. 그 모습이 바로 예수님이 하나님의 아들이시라는 사실을 인증해 주지 않았을까?

그러나 본문은 마리아가 예수님을 아직도 오직 '내 아들'로만 여기고 있음을 보여 준다. 어머니 마리아가 그 광경을 보고 오히려 분노했기 때문이다.

> 아이야 어찌하여 우리에게 이렇게 하였느냐 보라 네 아버지와 내가 근심하여 너를 찾았노라 눅 2:48

쉽게 말해, "도대체 너는 어찌하여 우리로 이 먼 길을 다시 오게 하니!"라고 꾸짖었던 것이다. 그런데 이에 대한 예수님의 반응은 어이가 없는 동문서답이었다.

어찌하여 나를 찾으셨나이까 내가 내 아버지 집에 있어야
될 줄을 알지 못하셨나이까 눅 2:49

성전에 있던 어린 예수님은 자신이 '내 아버지 집'에
있다고 밝히셨다. 예수님은 자신이 마리아의 아들이 아닌
하나님의 아들임을 공포하셨던 것이다. 그러나 마리아는
이를 전혀 이해하지 못했다.

그 부모가 그가 하신 말씀을 깨닫지 못하더라 눅 1:50

만약 마리아가 그동안 마음에 새기고 고민했던 아들
예수의 정체성을 보여 주는 놀라운 모습을 보며 "아! 과연
너는 내 아들이 아니라 하나님의 아들 메시아로구나!"라고
인정했다면 어떻게 되었을까?

그러나 마리아의 마음은 "예수는 내 아들이다. 내가 얼
마나 큰 고초를 당하며 키운 자식인데!", "너는 내 아들이
야! 네 아버지 집은 예루살렘이 아니라 나사렛이라고!"라
는 소리로 꽉 차 있었을 것이다.

세월이 흘러 어느덧 장년이 되신 예수님은 어머니 마리아와 함께 가나 혼인 잔치에 청함을 받아 가셨다(요 2:1-12). 그런데 잔치 도중 포도주가 떨어졌다. 그때 우리는 도저히 이해할 수 없는, 예수님의 어머니 마리아의 이상 행동을 목격하게 된다. 청빙을 받아 간 잔칫집에 포도주가 떨어졌는데 그 상황과는 아무 관계도 없는 아들에게 그 일을 알린 것이다. 왜 그랬을까? 본문은 그 이유를 명시하고 있지 않지만, 전개되는 사건을 통해 암묵적으로 밝히고 있다.

그동안 마리아는 도저히 해결할 수 없는 '마라', 즉 하나의 '쓰라린' 문제를 마음에 되새기며 살아왔다. 그것은 천사 가브리엘이 전해 준 "예수는 네 아들이 아니라 인류를 구원할 하나님의 아들이시다"라는 인정할 수도 부정할 수도 없는, 진퇴양난의 문제였다. 그러나 마침내 마리아는 가나 혼인 잔치의 상황을 그녀의 마음에 새겨진 '마라'의 딜레마를 푸는 계기로 삼았다.

"예수야, 포도주가 다 떨어졌대!"

이에 예수님은 어린 시절 가족과 함께 유월절을 보냈던 성전에서처럼 동문서답하셨다.

여자여 나와 무슨 상관이 있나이까 내 때가 아직 이르지
아니하였나이다 요 2:4

예수님은 마리아를 '어머니'를 의미하는 헬라어 '메떼
르'(μήτηρ)가 아닌 성인 여성을 존중해 부르는 존칭어 '구
나이'(γύναι)로 묘사하셨다.

"여인이여, 그 포도주가 나와 무슨 상관이 있습니까?
왜 그것을 저에게 물으십니까?"

언뜻 배은망덕한 소리로 들리는 예수님의 질문과 구문
은 사실 마리아의 의도 있는 질문에 대한 수사학적인 정
답이었다고 말할 수 있다.

"네, 어머니. 하나님의 아들로서의 때는 아직 이르지
않았습니다. 저는 당신의 아들이 아닙니다. 그러나 오늘
이 포도주가 암시하고 있는 나의 피를 십자가상에서 흘릴
때는 아직 아닙니다."

마리아는 그동안 마음에 새겨 왔던 '마라'의 갈등을 단
판에 해결하기로 작정했다. 그리고 예수님의 답보다 더 어
이없는 행동을 취했다.

그의 어머니가 하인들에게 이르되 [내 아들 예수가] 너희에게

무슨 말씀을 하시든지 그대로 하라 하니라 요 2:5

예수님은 빈 항아리에 물을 채우라고 하셨다. 그리고
그 물은 포도주로 변했다.

이와 같은 가나 혼인 잔치의 기적은 마리아에게 '예수
는 더 이상 내 아들이 아니라 하나님의 아들'이심을 재확
인한 계기가 되었다. 이는 '내 아들 예수'를 마음에서 내려
놓아야 하는 고통스러운 하심(下心)이었다.

신약성경의 공관복음서를 총괄적으로 면밀히 읽어 보
면, 가나 혼인 잔치 사건 이후 예수님은 어머니 마리아를
떠나 하나님의 아들로서의 공생애를 전적으로 시작하셨
다. 이후 마리아는 사람들과 친족들로부터 아들 예수가 귀
신 들리고 미쳤다는 고통스러운 소식을 접하게 되었다(마
12:24; 막 3:21; 요 10:20).

'나를 떠난 아들이지만…, 내 아들 예수가 미쳤다니.'

마리아는 가슴이 미어지는 것을 감수해야 했다.

그러던 어느 날 마리아는 그리운 아들이 인근에서 한 무리에게 강론을 하고 있다는 소식을 듣고 예수님의 동생들을 데리고 집회 장소를 찾았다. 나의 상상이지만, 아마도 마리아는 밤새도록 아들이 좋아하는 반찬으로 도시락을 준비해 갔을 것이다. 지금 90이신 나의 어머니도 나를 찾아 한국을 방문할 때면 무거운 가방을 4-5개나 가지고 오신다! 내가 좋아하는 평양 만두, 녹두 부침, 닭살로 채운 브라질식 고로케와 치즈 빵 등 음식 재료들로 가득 찬 보따리들이다. 마리아도 동일한 심정과 준비로 아들 예수를 찾아갔을 것이다.

도착해 보니 얼마나 많은 사람으로 북적이는지, 조금은 안심도 되고 위로도 되었을 것이다. 그때 예수님의 어머니와 친족들이 밖에 와 있는 것을 알아본 어떤 사람이 예수께 뛰어가 말을 전했다.

[선생님] 보소서 당신의 어머니와 동생들이 당신께 말하려고 밖에 서 있나이다 마 12:47

어머니 마리아는 아들 예수가 서 있는 쪽을 바라보며 기대감을 감추지 못했을 것이다. 그러나 예수님이 하신 말씀은 다시금 뜻밖이었다. 예수님은 "누가 내 어머니이며 내 동생들이냐"(마 12:48) 하신 후 손을 내밀어 제자들을 가리키며 말씀하셨다.

> 나의 어머니와 나의 동생들을 보라 누구든지 하늘에 계신 내 아버지의 뜻대로 하는 자가 내 형제요 자매요 어머니이니라 마 12:49-50

이 말씀을 들은 어머니 마리아는 얼마나 섭섭했을까? 그렇게나 가슴을 졸이며 찾아왔는데 예수님이 자기 어머니를 공개적으로 부정하셨으니 말이다.

이처럼 마리아에게 있어 '하나님의 아들'을 믿는 것은 자신의 살덩어리인 '내 아들'을 마음으로부터 철저하게 내려놓아야 하는 '마라'의 고난을 의미했다.

아들 예수가 집을 떠난 지 3년이 거의 다 지나는 시점에 마리아는 흉악한 범죄자들과 함께 십자가상에 달려 있는 아들 예수를 보게 되었다. 수치스러운 모욕과 난폭의 십자가상에⋯. 부르트다 못해 피로 터져 버린 눈망울, 창으로 찔리고 채찍에 맞아 떨어져 나간 살점들, 피와 진물로 범벅이 되어 도저히 누구인지 알아볼 수 없는 '내 아들 예수'를 보게 되었다. 마리아는 십자가의 고난 앞에서 철저하게 자신의 생명보다 더 귀하게 여겼던 '내 아들'을 온전히 잃어버렸다.

그러나 사실 마리아는 십자가 앞에서 바로 '내 아들' 예수를 마음으로부터 온전히 내려놓은 순간, '하나님의 아들' 예수 그리스도를 진정으로 만나게 되었다. 마음에 예수 그리스도의 고난을 새기는 순간, 구속의 진리를 새기게 되었던 것이다.

예수님은 숨을 거두시기 전, 온몸을 찢는 고통을 참으며 십자가 아래 와 있는 어머니 마리아에게 유언하셨다.

여자여 보소서 아들이니이다 요 19:26

그리고 머리를 돌려 제자 요한에게 이르셨다.

보라 네 어머니라 요 19:27

그때부터 요한은 자기 집에 예수님의 어머니 마리아를 모셨다. 십자가상에서 제자 요한을 향해 하신 예수님의 말씀은 단순히 어머니 마리아를 집에 모시라는 의미는 아니었을 것이다. 마리아에게는 다른 아들들이 있었고, 자식이 부모를 모시는 것은 그 시대의 지극히 당연한 관습이었다.

일반적으로 우리는 이 사건을 유교적인 효도 사상으로 해석한다. 물론 예수님이 어머니를 실제적으로 부탁하신 이 장면에서 우리는 예수님의 효성을 엿볼 수 있다. 그러나 우리는 복음서의 총체적인 문맥에서 본문에 함축된 신학적인 메시지를 놓쳐서는 안 된다.

요한은 그의 형 야고보와 그물을 깁고 있다가 그곳을 지나가시던 예수님의 부르심에 응해 형과 함께 배와 아버지를 버려두고 즉각 예수님을 따랐던 제자이다(마 4:22). 그동안 그렇게도 열심히 따랐던 스승 세례 요한과 결별하고, 자신의 전업과 아버지를 뒤로한 채 예수님을 적극 따랐다는 것은 한마디로 요한이 자신의 모든 것을 예수님께 걸었다는 것을 의미한다. 그러나 그는 왜 집도, 돈도, 학력도, 권력도 없는 젊은 예수님을 따라갔을까?

그 이유는 누가복음 22장에서 명확히 밝혀진다. 예수님이 십자가에 달리시기 전날 밤이었다. 그날 예수님은 깊은 연민 가운데 제자들과 함께 유월절 떡과 잔을 나누시는데, 제자들은 그 앞에서 누가 더 크냐고 다투기 시작했다. 그들은 지난 3년 동안 죽은 자를 살리시고, 오병이어의 기적을 일으키시고, 폭풍을 잔잔하게 하신 예수님이 세례 요한보다 더 위대하시다고 생각했다. 그런 분이 다음 날 예루살렘에 입성만 하시면 큰 기적으로 메시아 왕국을 실현하실 것이라고 기대하고 있었던 것이다. 그때 누가 우의정과 좌의정이 될 것인가에 대해 신경전을 벌였다.

제자들의 자리싸움에서 요한은 이미 예수님의 바로 옆자리에 앉아 있는 것을 볼 수 있다(요 13:23). 제2권력자의 자리를 딱 차지하고 있었던 것이다. 요한이 원했던 예수님은 로마 제국을, 아니 온 천하를 지배하시는 예수님이었으며, 그날이 오면 자신이 그분의 우편에 앉는 것이었다. 이는 요한의 어머니 살로메가 예수님께 간절히 부탁했던 내용이다.

> 나의 이 두 아들을 주의 나라에서 하나는 주의 우편에, 하나는 주의 좌편에 앉게 명하소서 마 20:21

예수님은 사전에 제자들에게 자신이 예루살렘에 올라가 고난을 받고 죽게 될 것을 여러 번 말씀하셨다. 그러나 야고보와 요한의 귀에는 그 말씀이 전혀 들리지 않았다. 따라서 고난을 말씀하시는 예수님께 요한은 오히려 "[주여] 주의 [영광이 임하면] 영광 중에서 우리를 하나는 주의 우편에, 하나는 좌편에 앉게 하여 주옵소서"(막 10:37)라고 동문서답을 했던 것이다. 요한의 마음에는 자신이 원하는 '권력의 예수'만이 존재했다.

그럼에도 불구하고 요한은 예수님의 제자들 중 유일하

게 십자가 아래까지 함께했다. 그곳에서 요한은 자신이 원했던 예수님은 더 이상 존재하지 않음을 깨닫게 되었다. 그 대신 십자가에 달리신 예수님을 만났다!

훗날 예수님의 부활을 목격한 요한은 고난을 통한 '사랑의 예수'를 만나게 되었다. 그리고 로마 도미티아누스 황제의 박해를 통해 그리스도의 고난에 참여했다.

십자가상에서 예수님은 과연 누가 마리아의 진정한 아들이며, 누가 요한의 진정한 어머니인가를 암시하신 것이다.

탐욕으로 예수님을 따랐던 요한은 이제 십자가 아래에서 '권력의 예수'를 내려놓고 '사랑의 예수'를 만나게 되었다. '내 아들 예수'를 내려놓은 마리아에게 예수님은 그녀의 진정한 아들이 누구인가를 확인시켜 주셨다. "내 아버지의 뜻대로 하는 자가 내 형제요 자매요 어머니이니라"(마 12:50)라고 하신 말씀을 성취하신 것이다.

"여자여 보소서 아들이니이다."

"보라 네 어머니라."

예수 그리스도의 고난을 마음에 새긴 요한과 마리아는 주님의 고난에 동참하는 우리 모두의 진정한 형제이며 어머니이다. 빈 마음에 예수 그리스도의 고난을 새긴 마리아의 신앙은 요한뿐만 아니라 오늘날 우리 모두가 마음 깊이 가져야 하는 신앙이다.

예수 그리스도께서 죽으시고, 부활하시고, 승천하신 후 오순절에 제자들을 포함한 약 120명의 무리가 마가의 다락방에 모여 기도하기 시작했다(행 1:15, 2:1). 그때 마치 불의 혀처럼 갈라지는 것같이 성령님이 임하셨고, 그 자리에 초대교회가 세워졌다. 그리고 그 역사적인 자리에 예수님의 어머니 마리아가 있었다(행 1:14). 마리아는 '내 아들 예수'를 내려놓아야 하는 기나긴 고난의 과정을 통과해 진정한 하나님의 거룩한 백성과 제사장 나라를 세우게 되었던 것이다.

우리가 원하는 예수님은 과연 누구이신가? 내가 원하

는 것을 다 들어주셔야 하는 예수, 나의 뜻대로 따라 주셔야 하는 예수, 나에게 복을 주셔야 하는 예수, 나를 모든 고난으로부터 구해 주셔야 하는 예수, 내 마음대로 할 수 있는 '내 아들 예수'이신가, 아니면 '하나님의 아들 예수'이신가?

그리스도인이라면 과연 나에게 진정한 예수는 누구이신지 깊이 고민해야 할 것이다.

수업 시간에 신학생들과 교회의 본질에 대해 토론한 적이 있다. "교회란 무엇일까?"라는 질문에 대해 한 단어로 표현해 보라고 했다. 다수의 한국 학생들이 '구속', '화평', '성도의 교제', '정결', '성화', '축복', '안식' 등을 언급했다. 동일한 질문을 다수가 미개발, 미전도 지역에서 온 외국인 학생들로 구성된 반에서 물어보았다. 그들은 한결같이 '고난', '고통', '가난', '핍박'이라는 단어들을 쏟아 냈다.

파키스탄에서 온 한 여학생은 대화 중 하염없이 눈물을 흘렸다. 조심스럽게 무슨 일이 있냐고 물어보았다.

"교수님, 한국에 와서 여기저기 자유롭게 달린 교회의

십자가들을 보니 정말 부럽고 눈물이 났어요. 파키스탄에서는 꿈도 못 꾸는 일이지요."

십자가가 서울 도심에 공해라는 말을 들었다. 그러나 파키스탄에서는 매년 수차례 예배 도중 교회가 피폭된다. 최근인 2017년 12월 17일에도 파키스탄 남서쪽에 위치한 쿠에타에서 크리스마스 축제에 참석한 성도들 중 57명이 폭탄 테러로 사망했다. 그들은 주일 예배를 드리러 교회로 향할 때마다 순교하는 마음으로 간다고 한다. 그들은 교회 하면 '고난'이 떠오르는 것이다.

수업 토론 중 나는 깊은 생각에 잠겼다. 하심(下心), 그리고 마음에 새긴 고난….

'나는 언제쯤 진정으로 십자가의 고난을 마음에 새기며 내 아들 예수를 온전히 내려놓고 하나님의 아들 예수 그리스도를 진정으로 영접할 수 있을까?…'

Felebration

나에게는 외동딸이 있다. 이름은 가명으로 '선'(善)이
다. '내 아들 예수'처럼 '내 딸 선'이가 있다. 딸에 대한 간
증을 어느 목회자 모임과 사순절 특별 새벽 집회 때 나누
었는데, 그 간증이 짤막한 영상 클립으로 편집되어 온라인
상에서 100만 클릭을 돌파했다. 그때까지도 그 영상의 존
재를 알지 못한 사람은 주위에 나밖에 없었던 것 같다.

딸은 영상을 보고는 나에게 어디 가서 제발 자신의 개인
적인 이야기를 하지 말아 달라고 신신당부했다. 그러나 이
래저래 딸의 공식적인 허락을 받아 내기란 불가능하고, 이
미 온라인상에서 전 세계에 공개된 내용이니 여기에 글로
남기려고 한다. 앞으로 선이와의 관계가 염려스러워진다.

나는 결혼해서 자녀를 많이 두고 싶었다. 결혼 직후 아
이들의 이름을 5개나 미리 지어 놓았다. 그러나 하나님은

딸 하나만 주셨다. 그러니 얼마나 귀한지! 모든 부모가 그렇듯이 나는 내 딸을 정말 사랑으로 키우고 싶었다.

그러나 딸이 태어날 무렵, 아내는 의과대학원에서 공부를 하고 나는 뉴욕암센터에서 박사후연구원(postdoctoral fellow)으로 일하다 신학대학원에 입학한 상황이었다.

선이가 태어나 아내가 잠시 휴학을 하고 나의 신학 박사 공부를 위한 남아프리카행에 함께했으나 7개월 후 복학해야 했기에 이후로 우리는 딸을 풀타임으로 키울 수가 없게 되었다. 나는 아내와 떨어져 남아프리카에서 신학을 공부했고, 아내는 미국에서 의학을 공부했다. 그래서 할머니와 어머니와 장모님이 아이를 돌봐 주셨고, 미국으로 돌아와서도 주말에만 선이를 집으로 데려오던 시절이 있었다.

선이는 할머니와 지내면서 할머니가 빌려다 보시는 사극 드라마 비디오의 내용을 꿰뚫고 있었다. 한번은 주말에 데리러 갔더니 뛰어나오면서 "아빠, 성은이 망극하옵니다~" 하며 빵끗 인사를 했다.

선이는 집에 와서는 나와 함께 놀았는데, 전도사가 직업이었던 아빠가 설교하는 모습을 모방하며 작은 의자에 올라가 '설교 놀이'를 했다. 언젠가는 혼자 중얼거리다가 "아~빠, 나는 헌~금 많이 하고 싶어~" 하고 말했다. 내가 이유를 묻자 선이가 "다 아빠 거잖아!" 하고 답해 웃었던 기억이 있다.

길에 나가도 사람을 볼 수 없는 미국의 전형적인 교외 지역에서 딸은 그렇게 혼자 조선 시대의 언어를 구사하며 영어를 못하는 아이로 자라났다. 그리고 사전 준비 없이 백인 아이들만 모여 있는 유치원에 입학했다.

유치원에서 선이는 백인 아이들과 잘 어울리지 못했다. 그런데 우리 부부는 그 사실을 전혀 모르고 있었다. 혼자 알아서 잘 크고 있는 줄로만 알았다. 1년이 지나 초등학교에 진학해야 할 무렵, 유치원 선생님이 나를 불러 딸에 대한 염려를 솔직하게 말해 주었다.

"아이가 영어로 소통을 못하고 사회성도 조금 부족한 것 같습니다. 다른 아이들과 잘 어울리지를 못하네요."

그러면서 아빠는 영어를 하는데 미국에서 태어난 딸이 왜 영어를 못하냐며 의아해하셨다. 딸의 한국어는 조선 시대로, 그리고 영어는 석기 시대로 소급되었던 것이다.

아내와 고민을 하다 이 상태로 초등학교에 진학하면 아이가 스트레스를 너무나도 많이 받을 것 같아 유치원을 한 번 더 다니게 하기로 결정했다. '유치원 재수생'이 탄생했던 것이다.

1년 후 선이는 초등학교에 입학했다. 유치원 때부터 더하기, 빼기를 머리보다는 손가락으로만 해 왔던 딸은 초등학교 내내 그 수준을 유지했다. 아내는 학원에서 아이들에게 수학을 가르치기도 했고, 나는 고등학교 때 대학 수학을 풀었다. 부모의 DNA를 물려받은 딸은 가르치지 않아도 당연히 수학을 잘할 줄 알았다. 그런데 믿는 도끼에 발등 찍힌다고, DNA 이론은 조금도 통하지 않았다.

어느덧 선이는 3학년이 되었다. 초등학교 2학년까지는 성적 평가가 없으나 3학년부터는 점수를 받는다. 나는 선이가 성적 때문에 실망할까 봐 은근히 걱정이 되었다. 그래서 딸에게 마음에도 없는 말을 거룩하게 꾸며 냈다.

"선이야! 선생님이 이번 학년부터는 너에게 A, B, C, D

라는 점수를 줄 건데, A, B, C, D는 뭐냐면… 비타민 A, B, C, D야. 골고루 먹어야 건강한 것 알지?"

딸은 "에이~ 아빠~" 하며 웃어넘겼다.

"선이야! 아빠도 너처럼 어렸을 때 A, B, C, D 점수를 골고루 먹어서 지금 이렇게 건강한 거야. A만 먹는 아이들 하고는 놀지도 마! A만 먹으면 병이 나니까!"

선이는 깔깔거리며 기뻐했다.

"그런데~ 에…, 아빠하고 두 가지만 약속하자~. 첫째, 어떤 아이들은 부모도 없고, 집도 없고, 가난하고, 또 몸이 아파서 학교를 못 가지? 그러니 감사하며 최선을 다해 열심히 공부해야 해! 둘째, 우리는 예수님을 믿지? 예수님을 믿는 사람들은 정직해야 해. 그러니까 시험 볼 때 절대 커닝하지 않기로 약속해!"

"네, 아빠!"

우리는 새끼손가락을 걸고 굳게 약속했다.

이후 분기별 성적표를 가져오는 날이면 선이는 성적표를 손으로 흔들며 "아빠~, 비타민 C~" 하며 노래를 불렀다. 솔직히 속으로는 정말 속상했지만, 그냥 넘겼다.

그런데 4학년 때였다. 학교에서 돌아온 딸이 고개를 푹 떨구고 성적표를 가슴에 품고 내게로 천천히 다가왔다. 초등학교 성적표는 선생님이 사전에 부모에게 사본을 이메일로 보내 주기 때문에 나는 딸의 성적을 다 알고 있었다. 수학에서 불합격 F 점수를 받았던 것이다. 딸은 아무리 생각해 봐도 '비타민 F'라는 것이 없으니 기가 죽은 것이었다.

사실 부모로서 얼마나 속상했던지 속으로 '야단을 칠까? 한 대 때려 줄까?', '아니, 내 친딸 맞나?', '하나밖에 없는 귀한 외동딸이 다른 것도 아닌 수학에서 F를 맞다니?' 등 별의별 생각이 다 들었다. 그런데 갑자기 뭔가에 홀린 듯 나는 딸을 향해 박수하며 마음에도 없는 말을 했다.

"나의 딸! 나는 네가 정말 자랑스러워!"

선이는 '아빠가 왜 그러시지?' 하는 의심스런 눈빛으로 나를 쳐다보았다. 나는 얼른 이유를 설명해 주었다.

"너, 정~말 커닝 안 하는구나! 네가 이번에 커닝을 했다면 적어도 D는 받았을 텐데!"

그랬더니 선이가 맞장구를 쳤다.

"아빠, F가 무슨 단어의 약자인지 알아요? '판~타~스~

틱'(Fantastic)이에요!"

나는 좀 당황했지만 그래도 기쁜 마음으로 화답했다.

"그~, 그래~! 판-타-스-틱-하다…!"

그렇게 한 해가 지나자 딸은 반에서 중간 성적을 유지했으며, 초등학교 졸업 때는 흔한 것이지만, 미국에서 아이들을 격려하기 위해 발부되는 대통령 상장도 하나 받아왔다. 나는 딸이 혹시 커닝을 한 것이 아닌지 불안했다.

"아빠, 커닝하는 친구들이 있지만 나는 커닝 한 번도 안 했어요!"

딸은 공부를 잘하지는 못했지만 늘 중도를 지키며 밝고, 담담하고, 사랑스럽고, 착한 소녀로 자라 주었다. 엄마, 아빠에게도 늘 진솔하고 감추는 것이 없었다.

선이가 중학교 2학년 때 일이다. 나는 아세아연합신학대학교로부터 초청을 받아 한국에 들어오게 되었고, 아내는 미8군 병원 군의관으로 복무하게 되었다. 자연히 딸은 용산 미군 기지 내에 있는 학교로 전학한 상태였다.

수학을 못할 뿐 아니라 노래도 못하는 딸이 하루는 가끔 외국으로 공연도 가는 학교 합창단에 들어가고 싶어 꿈을 꾸기 시작했다. 나는 속으로 '너는 안 될 거야…' 했지만, 그래도 겉으로는 오디션을 한번 받아 보라고 허락했다. 당연히 보자마자 떨어졌다.

두 달이 지난 후 딸은 목소리가 전혀 변한 것이 없는데 또 오디션을 신청했다. 물론 보자마자 또 떨어졌다. 음악 선생님은 아이가 좀 안되어 보였던지 두 번째 떨어진 딸에게 위로차 음악 학원에 가서 기초를 배운 후 다시 한 번 와 보라고 하셨다.

무슨 말이든 잘 믿는 순진한 선이는 엄마에게 성악 레슨을 받고 싶다고 말했다. 나는 속으로 '음악 선생님이 위로차 그냥 말씀하신 건데…' 하며 말리고 싶었으나 아내의 권유로 허락했다.

그 후 딸은 성악 레슨이 아니라 교회에서 찬양을 인도하시는 재즈 전공 선생님께 딱 2회 개인 수업을 받고 한 달도 안 돼서 음악 선생님을 또 찾아갔다. 당황하신 음악 선생님은 무슨 생각을 하셨던지 선이를 학교 합창단에 입단시키셨다. 이후 딸은 그렇게도 참여하고 싶어 했던 일본 공연을 두 번이나 갈 수 있었다.

1년이 지나고 개별 학부형 상담이 있었다. 나는 딸의 음악 선생님을 만났다. 연세가 있는 선생님이 나를 반갑게 맞이하더니 나의 두 손을 꼭 잡으며 갑자기 눈물을 쭉 흘리셨다. 무슨 심각한 일이 있는 것은 아닌지 걱정이 되었다.

"선이 아버님, 정말 감사합니다. 사실 저는 그동안 제가 음악 선생이 된 것을 많이 후회하며 살아왔어요. 그런데 선이를 가르치며 왜 내가 음악 선생이 되었어야 했는지 소명 의식을 갖게 되었습니다. 나를 행복하게 해 준 정말 사랑스러운 딸이에요. 아빠로서 행복하시겠어요."

그렇다. 수학을 못해도, 노래를 못 불러도, 나의 DNA를 물려받은 내가 원하는 모습의 딸은 아니더라도 선이가 하나님이 원하시는 딸로 커 준 것이 정말 자랑스럽고 감사하다.

선이가 고등학교 2학년이 되어 대학 진학을 결정해야 하는 때였다. 딸이 진학하고 싶은 대학들은 하나같이 높은 SAT(학업능력시험) 점수를 요구했다. 아니, 그것은 기본이었고, 그 이상의 것들을 요구했다.

딸은 수학 수업 상위반에 지원했는데, 보기에 안타까울 정도로 열심히 공부했다. 그러나 딸의 수학 성적은 아무리 노력해도 올라가지 않았다. 수학 중간고사를 치렀는데 69점으로, 불합격 점수인 F를 받았다. 초등학교 4학년 때는 "판타스틱!"(Fantastic) 하며 잘 넘겼는데…. 선이는 얼마나 좌절했던지 방으로 들어가 이불을 뒤집어쓰고 나오지를 않았다.

"아빠, 내 머리는 안 되는 것 같아요…. 왜 나는 똑똑하지 않을까요?"

정말 안쓰러웠다.

나는 내 딸이 건강한 팔방미인에, 공부는 최상위를 달리고, 아이비리그 대학에 들어가, 완벽한 왕자를 만나 잘 살아야 한다고 생각했다. 아니, 꼭 내가 원하는 대로 되라고 겉과 속이 다르게 은밀히 강요했다. 그러나 현실에서 선이는 모델 같은 미인도 아니었고, 허약 체질에, 키도 작았고, 수학은 F였다.

주일날 교회에서 예배를 드리는데 옆에 앉은 아내가 흐느끼고 있었다. 집으로 돌아오는 길에 차 안에서 물었다.

"오늘 예배드리면서 왜 그렇게 울었어요?"

"나 오늘 회개했어요…."

"무슨 회개?"

"우리가 선이에게 성적은 비타민 A, B, C, D라고 했잖아요. '너는 하나님의 피조물이야. 예수 믿는 사람은 최선을 다하고 정직하게만 살면 돼.' 이렇게 말했죠. 그런데 그게 다 거짓말 아니었나요? 속으로는 '너는 A만 맞아야 해! 우리가 원하는 세계 최고 대학에 무조건 꼭 가야 해!' 그랬잖아요…."

그렇다. 사실 나는 그동안 딸에게 거짓말을 해 왔던 것이다. 아니, 목사로서 해 온 설교도 거짓말이었다. 겉으로는 '하나님의 아들 예수'를 믿으라고 외쳤지만 진정 내가 원한 것은 '내 아들 예수'였다.

집에 도착하니 딸이 방 안에 누워 있었다. 싫다는 것을 억지로 설득해 나도 처음 가 보는 전망대 위에 있는 식당으로 갔다.

"선이야! 아빠가 왜 오늘 여기에 너를 데리고 왔는지 알아?"

"으~음…."

"아빠가 오늘 너에게 '펠러브레이션'(Felebration)을 해 주려고!"

"펠-러-브-레-이-션? 그게 뭐예요?"

"응! 네 수학 성적이 C였다면 '셀러브레이션'(Celebration, 축하)이지? 그런데 F를 받았으니 '펠러브레이션'(Felebration)이야!"

"아빠, 저 지금 농담 들을 기분 아니에요."

그러나 나는 딸의 실패를 진심으로 축하해 주고 싶었다.

"선이야! 아빠가 정말로 회개할 게 하나 있어. 아빠가 너한테 그랬지? 너는 하나님의 딸이고 그리스도인으로서 열심히 공부하고 정직하게만 살면 된다고…. 그러면 A, B, C, D 중 아무 점수나 받아도 좋다고…. 그건 다 거짓말이었어. 네가 이번에 F를 맞지 않았다면 아빠는 아마 평생 너한테 거짓말을 하고 살았을 거야. 그런데 오늘은 정말이야! 진정으로 '펠러브레이션'을 해 주고 싶어. 엄마와 아빠는 너를 정말 사랑해!"

선이의 얼굴이 밝아지기 시작했다.

"아빠, 사실 시험 전에 친구가 몇 명만 알고 있는 답안지를 갖다 줬는데 보지 않고 찢어 버렸어요."

그 순간, 딸이 정말 자랑스럽고 사랑스러웠다.

선이는 수학 대신 글을 잘 썼다. 그 무렵 나는 민수기 강해를 집필해 출판하는 과정에 있었는데, 옆에서 나의 작업을 지켜보던 선이가 민수기의 광야 사건들을 함축한 긴 시문 하나를 작성해 나에게 건네주었다. 나는 그 시문을 책 앞부분에 실었다.

"이 광야를 가로질러 나는 방랑한다. 돌이킬 수 없는 여정. 나는 걸을 뿐이다. 그러나 무엇을 대면하게 될지 몰라도 두렵지 않다. 그분과 함께 걷기 때문에"(I wander through this desert, a journey I cannot avert, I walk, I'm not afraid of what I will have to face, with Him I walk.)

선이는 기말고사에서 수학 과목에 합격했다. 그리고

그 사건 이후로 이 짧은 글에 담을 수 없는 정말 많은 기적이 일어났다.

총학생회장 선거가 있었다. 미국 고등학교에서 마지막 학년을 총학생회장으로 활동하는 것은 고등학교 생활을 가장 멋지게 마무리한 것이라고 말할 수 있다. 3명의 백인 학생들이 팀을 구성해 부모님들까지 합류해 2-3개월 전부터 선거 운동을 시작했다.

그런데 투표일을 일주일 남기고 담임선생님이 갑자기 선이를 불러 회장 선거에 출마하라고 권면하셨다. 내 생각에는 선거 색상을 맞추려는 것 같았다. 동양인에, 여자에, 작은 키에…. 나는 딸에게 용기를 북돋아 주었다.

"그래, 선이야! 한번 나가 봐. 아빠가 도와줄게!"

우리는 A4 용지에 사진을 포함해 "선이를 뽑으세요!"라는 짧은 문구 하나를 써서 프린트했다.

투표일이 되었다. 투표 직전 실내 운동장에 전교생과 교직원들이 모여 후보자들의 출마 연설을 듣는 시간이었다. 마지막으로 강단에 올라간 선이는 높은 힐을 신고 뚜벅뚜벅 걸어 가운데 지점에 섰다.

"죄송하지만 여러분 모두 기립해 주실 수 있나요?"

교장 선생님을 포함해 모든 학생과 교직원은 무슨 영문인지도 모르는 채 우르르 일어났다. 그 모습을 본 선이는 만족하다는 듯 고개를 끄떡이더니 이어서 다시 한 번 부탁했다.

"실례지만 모두 착석해 주실 수 있나요?"

사람들은 또 우르르 자리에 앉았다.

"여러분, 지도자의 자리가 얼마나 중요한지 아십니까? 저에게는 아무 권력도 없는데, 여기 서서 여러분에게 일어나라고 하니 다 일어나셨지요? 앉으라고 하니 다 앉으셨지요?"

이렇게 시작된 딸의 연설은 학생들의 환호로 마무리되었다. 총선 결과, 선이는 70%라는 놀라운 득표율로 총학생회장에 당선되었다.

딸은 그동안의 이야기들을 "펠러브레이션"(Felebration)이라는 제목으로 작성했다. 그리고 대학 입학 원서 에세이로 제출하고는 가슴을 졸이며 기다렸다. 그런데 C 대학에서 수학 점수 미달임에도 불구하고 합격 통지서가 날아왔다! 누군가가 통지서에 친필로 이렇게 썼다.

"당신의 에세이가 정말 좋아요!"

믿을 수 없는 사실이 또 하나 있다. 대학 졸업식 순서지에 딸의 이름이 수석 졸업자 10명 가운데 1명으로 명시되어 있었던 것이다.

이후 지면상 담을 수 없는 이야기들이 너무나도 많다. 선이는 대학 졸업 후 3년 동안 예기치 않은 신체적 어려움을 당했지만 캄보디아에 가서 봉사를 하며 이를 극복하고 장학금을 받아 현재 미국 로욜라대학교 법학대학원에 재학 중이다.

그런데 선이는 이제 또 새로운 도전에 시달리고 있다. 장학금까지 받았지만 법학 공부에 쩔쩔매고 있는 것이다. 뭐든지 열심히 최선을 다하는 딸은 나처럼 요령이 없는지 모든 교재를 정독하는 나머지 점수를 올리지 못하고 있다. 수면 부족으로 면역이 떨어져 온몸에 두드러기가 나고 피

눈물 나게 노력했음에도 불구하고 지난 학기를 반에서 꼴찌로 마무리했다.

신기하게도 이 글을 쓰고 있는데 딸에게서 카카오톡 메시지가 도착했다.

"아빠, 학장님한테서 점수가 낮아 다음 주 교과 프로그램 원장님께 상담을 받으라는 공문을 받았어요. 요새 삶이 너무 힘들어요."

이어서 메시지가 또 왔다.

"아빠, 나는 내 자신이 너무 초라해 보여요."

잠시 글쓰기를 멈추고 딸에게 메시지를 보냈다.

"선이야! 너는 너 자신 그 이상이 될 필요가 없어. 너는 항상 최선을 다했으니까. 원장님을 만나서 네 모습 그대로를 전해 드리렴. 그리고 모든 결과는 하나님의 손에 맡기자. 물론 지속되는 너의 고난으로 인해 내 가슴이 찢어지지만 만사를 주관하는 신실하신 하나님에 대한 우리의 믿음을 잃지 말자! 너는 그동안 정말 성실했어. 나는 네가 자랑스럽단다. 마지막 '셀러브레이션'의 건배를 올리기까지 소망으로 모든 어려움을 인내하자!"

비록 점수는 낮게 나왔으나 최선을 다하는 딸의 모습이 자랑스럽기만 했다. 이어서 메시지를 보냈다.

"딸아, 너의 성적표가, 너의 실패가, 너의 절망이, 너의 감정이 혹은 이 세상이 너의 정체성을 결정하지 못하게 해라! 너는 어떠한 상황에서도 너를 가장 사랑하시는 하나님의 형상이란다. 너의 실패를 포함해 모든 것을 합력해서 선을 이루시는 주님을 신뢰하고 힘내라!"

신앙의 여정에 있어 우리는 모두 예수님의 어머니 마리아와도 같이 '내 아들 예수'와 '하나님의 아들 예수' 사이에서 방황한다. 내가 원하는 자녀와 하나님이 원하시는 자녀 사이에서 갈등한다. 내가 기획한 삶과 하나님이 기획하신 삶 사이에서 진퇴양난의 어려움을 겪는다.

분명한 것은 내 마음의 욕심을 따라 '내 아들 예수'를 포기하지 않는 이상 우리는 절대 '하나님의 아들 예수'를 만날 수 없다는 것이다.

이는 하심(下心), 즉 내려놓는 믿음을 통해 승화되는 고난의 신비이다.

Part 3

선善,
영원한 퍼즐

우리가 알거니와

하나님을 사랑하는 자

곧 그의 뜻대로 부르심을 입은 자들에게는

모든 것이 합력하여 선을 이루느니라

_ 롬 8:28

사진의 퍼즐

얼마 전 이사를 하면서, 책장 맨 아래 칸에 먼지가 쌓인 채 오랫동안 외면당하고 있던 가족 앨범을 몇 년 만에 우연히 열어 보게 되었다. 요새는 스마트폰으로 아주 쉽게 사진을 찍다 보니 일상의 자연스러운 순간들이 창조적인 모습으로 많이 각인되는 것 같다. 그러나 옛날 아날로그 시절에 사진을 찍는다는 것은 적지 않은 재정과 정성이 들어가야 하는 하나의 큰 행사였다.

그래서인지 특별히 가족사진을 찍으면서 실제보다 더 행복하고 멋있는 모습을 최대로 연출하고자 애썼던 것 같다. 그 가난했던 시절의 모습조차 사진 속에서는 매우 화려하고 아름다웠다. 물론 고통스러웠던 전쟁과 기근과 재난의 모습을 담은 사진들도 있다. 그러나 사진은 행복한 망상을 남긴다.

졸업 사진, 결혼 사진, 직장 사진, 교회 사진 등 사진 한

장, 한 장에 담긴 인생의 파란만장했던 순간들을 보며 우리는 왠지 애절하게 아름답고 그리운 과거의 모습만을 기억한다. 60여 년이 넘은 옛날부터 최근까지의 사진들 속에 담긴 우리 가족의 모습은 추억에 물든, 너무나도 완벽하고 행복해 보이기만 하는 하나의 회화였다.

그러나 실제로 그것은 사진 속의 망상일 수도 있다. 현존하는 세월의 시련과 좌절이 상처 입은 낡은 인화지 속에 감추어져 있는 것이다. 알렉산더 푸시킨은 아마도 옛날 옛적의 사진을 보면서 "지나간 것은 끝내 다 그리워지는 것"이라고 쓴 것 같다.

미소 짓고 있는 명자 누나의 병상 사진에서도 그 어떠한 통증이나 절망도 보이지 않았다. 누님들의 고통스러웠던 가정 파탄과 고달팠던 이민자의 생활고마저 사진 속에서는 그저 아름다운 한 장의 추억으로만 남겨져 있었다.

나는 학창 시절 1년 동안 브라질 빈민촌에 거주한 적이 있다. 바람이 불 때면 판자벽 사이로 흙먼지가 스며들어 왔고, 궂은 날이면 슬레이트 지붕 사이로 빗방울이 떨어져 침대를 적셨다. 소나기가 쏟아지는 날이면 바로 문밖 길은 진흙과 똥물이 범벅이 되었다. 그곳은 한밤중 총소리에도 놀라지 않는 그 유명한 파벨라(favela, 브라질 빈민촌)였다.

판자 방에 작은 사과 궤짝 하나를 갖다 놓고 공부하던 그 시절, 그곳에서의 모습도 사진으로 기억되는 것이라고는 오직 그리움뿐이었다. 지금과 같이 좋은 환경에 살고 있는 상황에서 다시 그곳으로 돌아가라면 절대 안 갈 것이다. 사진 속의 망상일까, 아니면 오히려 그 사진 속의 기억들만이 진정한 현실인 것일까?

각양각색 수천 조각의 고난이도 퍼즐 조각들을 맞춰 가는 작업은 정말 어렵고 힘든, 인내가 요구되는 일이다. 초보자들은 거의 초기에 자포자기로 끝을 낸다. 그러나 고수들에게 그 고통스러운 과정은 필연적일 뿐만 아니라 몹시 기대가 되는 작업이다.

서로 전혀 다른 형태들의 작은 조각들을 하나하나 맞춰 가는 과정에서 실패와 좌절을 겪기도 하지만 고수들은 절대 포기하지 않는다. 하나의 짝을 정성껏 만들어 더하고 또 더하다 보면 전혀 상상하지 못했던 아름다운 작품이 완성된다. 아마도 그래서 그 게임을 '퍼즐'(puzzle), 즉 '수수께끼'라고 명한 것 같다.

그러고 보면 인생도 궁극적으로는 한 장의 아름다운 사진을 완성할 기억의 퍼즐이 아닐까? 고난이란 버려져야 하는 패가 아니라 한 장의 선(善)을 완성하는 마지막 퍼즐 조각이 아닐까?

야곱의 퍼즐

현대인들에게 가장 익숙하고 강요되는 단어를 하나 선택하라면, 아마도 '성공'(success)일 것이다. 우리는 유복한 가정에서 태어나고, 최상의 교육을 수료하고, 사업이 번창하고, 건강하게 장수하고, 자녀들이 잘되는 것을 성공이라고 말한다. 나는 이러한 성공이 나 자신을 포함해 해 아래 모든 사람에게 있기를 진정으로 바라는 사람이다. 혹시 내가 바라지 않을지라도 우리는 항상 인접한 가족과 직장과 사회와 국가로부터 암묵적으로 혹은 명시적으로 성공을 강요받으며 살아간다.

성공의 모습은 다양하며 변화무쌍하다. 그러나 궁극적으로는 하나의 본질적인 공통점을 갖고 있다. 그것은 '나의 꿈'을 이루고자 하는 동기이다.

그런데 놀라운 것은 성경에는 이러한 현대적 의미에서

의 성공이라는 단어가 단 한 번도 언급되고 있지 않다는 사실이다. 구약성경에서 문맥상 '성공'으로 번역된 히브리어 단어들(욥 5:12, תּוּשִׁיָה; 수 1:8, שָׂכַל)은 잠언에서 빈번히 나오는 '지혜' 혹은 '명철'을 의미하는 단어들과 동일하다 (잠 13:15, שֵׂכֶל).

성경은 현대적 의미에서의 성공보다는 거룩한 백성과 제사장 나라의 신적인 비전을 제시한다(출 19:6; 벧 2:9). 성공이 아니라 열방을 중보하는 선과 섬김의 비전이다. 모든 것이 합력해 나의 성공이 아닌 선을 실현하는 것이다(롬 8:28). 여기서 분명히 오해하지 말아야 할 것은, 성경이 말하는 선은 나의 성공이 아니라 고난의 퍼즐을 통한 하나님의 궁극적인 선을 의미한다는 사실이다.

성경의 많은 인물 중 고난의 퍼즐을 가장 모범적으로 완성한 사람은 야곱일 것이다. 그는 성공과 선 사이에서 고난의 퍼즐을 완성해 간 논쟁적인 인물이다. 야곱의 이야기는 나의 마음속 깊은 내면에 편재하는 '성공한 야곱'과 '선한 이스라엘'의 갈등을 반영한다.

야곱은 쌍둥이 중 둘째로, 세상에 태어날 때 형 에서의 발꿈치를 잡아당기며 나온 악착같은 성공 지향적인 성격의 소유자이다(창 25:26). 그래서 아버지 이삭은 그의 이름을 '야곱'으로 작명했다. '야곱'은 히브리어 동사 '야카브'(עָקַב)에서 유래된 명사이다. 이는 동사형과 문맥에 따라 '팔을 뻗쳐서 잡다'(to overreach), '가로채다'(to takeover), 혹은 '제 꾀에 넘어가다'(to overreach oneself)라는 의미를 가지고 있다.

형 에서는 교활한 동생 야곱에게 속아 장자의 권리와 아버지의 축복을 모두 빼앗겼다. 그는 얼마나 억울했던지 동생의 이름에 '속이는 자'라는 은유적 의미를 부여했다.

"아버지! 이놈의 야곱이 그 이름대로 저를 두 번이나 속였습니다!"(창 27:36 참조).

그때부터 야곱이라는 이름은 '이웃의 발꿈치를 잡아당기는 자', '속이는 자', 혹은 '제 꾀에 넘어가는 자'로 알려지게 되었다. 그러니 절대 좋은 이름이 아니다. 그런데 이 말씀을 묵상하면서 이런 생각이 들었다.

'내 이름도 야곱이 아닐까? 이(李)야곱!'

사실 성공에 압도되어 수단과 방법을 가리지 않는 야곱의 본능은 어떠한 위장에도 불구하고 감추어질 수 없는, 타락한 인류의 본능이라고 말할 수 있다.

야곱은 형 에서와 눈이 어두워 잘 보지 못하는 아버지 이삭을 교묘하게 속여 태어날 때 형의 발꿈치를 잡아당긴 것처럼 형의 장자권과 아버지의 축복을 가로챘다. 이는 야곱이 성취한 인생의 첫 번째 대성공이었다고 말할 수 있다. 지금으로부터 약 4천 년 전, 야곱이 살던 고대 근동 사회에서 장자의 권리와 아버지의 축복은 성공을 보장하는 것이었다.

그러나 성공이란 그렇게 녹록한 것이 아니다. 장자권과 축복을 가로챈 대가로 야곱은 복수하려는 형을 피해 사랑하는 부모와 정든 고향을 뒤로하고 외삼촌이 살고 있는 하란으로 기약 없이 도주하게 되었다. 성공은 우리를 고난의 광야로 내보낸다. 그래서인지 전도자는 해 아래 모든 성공을 궁극적으로 허무한 것이라고 애도했다.

전도자가 이르되 헛되고 헛되며 헛되고 헛되니 모든 것이 헛되도다 해 아래에서 수고하는 모든 수고가 사람에게 무엇이 유익한가 전 1:2-3

성공으로 인해 야곱은 쫓기게 되었고, 성공으로 인해 야곱은 타향에서 나그네로, 유랑자로 살아가게 되었다. 형과 아버지를 속여 성공했으나 그 또한 속으며 살아갔다.

'제 꾀에 넘어가다'라는 그 이름의 의미와도 같이, 야곱은 자신이 가장 믿고 의지해 찾아간 외삼촌 라반과 인내를 초월해 사랑한 아내, 그리고 타향에서 유일한 위로가 되었던 자식들로부터 끝내는 속임을 당하며 살게 되었다. 성공하려 했지만 실패했고, 정착하려 했지만 방랑했고, 속이려 했지만 속는 고난의 세월을 보냈다.

그래도 야곱은 성공을 포기하지 않았다. 파란만장한 세월의 풍파와 역경을 이겨 내면서 수단과 방법을 가리지 않았다. 타향에서 많은 재산을 모았고, 대가족을 이루어 고향으로 돌아갔다. 게다가 노년에는 죽은 줄로만 알았던 아들 요셉이 애굽의 총리가 되었으니, 누가 봐도 야곱은 크게 성공한 사람이요, 부러움의 대상이다.

야곱의 생애를 담은 사진이 있다면, 아마도 그가 애굽의 바로왕과 대면하고 있는 사진일 것이다. 이보다 그의 성공을 더 잘 반영하는 것은 없을 것이다. 야곱은 늦은 노년에 애굽으로 이주해 지극히 소수의 사람들 외에는 감히 그 발등도 제대로 바라볼 수 없는 바로왕과의 대면이 이루어졌던 것이다. 창세기 47장 7-10절은 둘의 대화 내용을 담고 있다. 바로왕이 질문했다.

"어르신은 연세가 어떻게 되시나요?"(창 47:8 참조)

왜 바로왕은 야곱에게 그 많은 질문 중에 하필 나이를 물어보았을까? 짧지 않은 시간에 여러 대화가 오고 갔을 텐데, 성경은 왜 오직 그 질문 하나만을 기록하고 있을까?

고고학 연구에 의하면, 야곱이 애굽으로 이주했던 BC 20세기에 애굽의 고위직을 지낸 사람들의 평균수명은 남성이 54세, 여성이 58세였다. 물론 평민들은 더 짧게 살았을 것이다.

야곱을 만난 바로왕은 고대 애굽의 제12왕조인 세소스

트리스 2세(Sesostris II)로 추정되는데, 당시 최고의 권력을 누렸던 그도 당대의 평균수명을 크게 넘지 못했다.

그러한 시대적인 평균 연령에 비해 야곱의 나이는 상대적으로 엄청 많았다. 야곱은 정말 장수한 사람이었고, 고대 근동 문화권에서 건강한 장수는 인생의 최대 성공을 상징했다. 더 나아가 그렇게 장수했기에 죽은 줄로만 알았던 아들 요셉이 애굽의 총리가 된 것까지 볼 수 있었다. 그러니 바로왕이 야곱의 나이를 물은 것은 진정한 축하를 함축한 수사학적인 질문인 것이다. 다시 말하면 바로왕은 이렇게 말한 것이다.

"연세가 어떻게 되세요? 정말 장수하셔서 이렇게 먼 길을 오시고, 아들의 영광을 보게 되셨네요! 성공을 축하드립니다!"

그러나 야곱의 반응은 전혀 예상하지 못한 반전이었다.
"네, 저의 나그넷길의 세월은 130년입니다. 정말 오래 살았지요. 성공한 것 같지만 사실 우리 조상의 나그넷길의 세월에는 미치지도 못하고, 뒤돌아보면 살아온 날들은 참

짧고, 그마저도 험악한 세월을 보냈습니다. 고난의 나날들이었지요"(창 47:9 참조).

야곱은 유복한 족장 아버지 이삭의 집에서 태어났다. 굶어 본 적도 없고, 특별히 아파 본 적도 없고, 항상 풍요로웠고, 대가족과 종을 두었다. 이제 건강하게 장수해 죽은 줄로만 알았던 아들 요셉이 살아서 고대 근동의 최대 제국인 애굽의 총리가 된 모습까지 보았다. 그러나 야곱은 그러한 자신의 삶의 사진을 '험악한 세월'로 묘사한 것이다. 본문의 히브리어 사본을 직역하면 이렇다.

"예메이 쉐니 메구라이'(יְמֵי שְׁנֵי מְגוּרַי), 저의 나그네와 같았던 인생의 연수는 '메아트 베라임'(מְעַט וְרָעִים), 짧고 험악했습니다."

그런데 야곱은 왜 바로왕을 만난 가장 영광스럽고 성공적인 시점에 자신의 130년 인생을 '험악한 나그네의 세월'로 묘사했을까?

이 세상의 모든 빛과 화려함은 어디엔가 그림자를 남긴다. 그러나 나는 야곱의 그 진정한 고백의 시점이야말로 야곱의 퍼즐이 온전히 완성된 때라고 생각한다. 그 이유를 알기 위해 야곱의 몇 가지 결정적인 과거의 사건들을 추적해 보고자 한다.

창세기 47장의 문맥을 면밀하게 읽어 보면, 야곱은 '험악한 세월'을 애굽으로 오기 22년 전, 즉 그의 나이 108세 때 일어났던 한 사건과 연관시키고 있음을 알 수 있다. 그렇다면 22년 전인 창세기 37장에서는 무슨 일이 일어났는가?

> 그때에 미디안 사람 상인들이 지나가고 있는지라 형들이 요셉을 구덩이에서 끌어올리고 은 이십에 그를 이스마엘 사람들에게 팔매 그 상인들이 요셉을 데리고 애굽으로 갔더라 창 37:28

이 본문은 야곱의 아들들이 어린 동생 요셉을 죽이려다 그곳을 지나가던, 그들의 증조할아버지 아브라함의 서자인 이스마엘의 후손인 미디안 상인들에게 은 20을 받고 노예로 팔아넘기는 장면이다.

이 사건이야말로 야곱의 험악한 세월을 가장 대표적으로, 집약적으로, 그리고 극적으로 반영하고 있다고 말할 수 있다. 한 혈통의 형제들이 서로 미워하고, 모략하고, 죽이려는 사건이었다. 야곱이 가장 사랑하는 아들을 그 형제들이 노예로 팔아 버렸던 것이다. 여기서 우리는 한 역기능적인 가정을 소재로 한 막장 드라마를 보게 된다. 그리고 왜 야곱의 세월이 험악했는지를 짐작하게 된다.

그러나 과연 야곱의 가족만 역기능적일까? 나의 가족도 조상부터 지금까지의 계보를 살펴보면 험악한 세월을 지낸 역기능적인 가족이다. 부끄럽고, 수치스럽고, 아파서 밝힐 수 없는 막장 드라마로 얽히고설킨 가족이다.

사실 같은 해 아래 살아가는 인류라는 가족은 서로 시기하고, 증오하고, 중상모략하고, 서로의 발꿈치를 잡아당기고, 속고 속이며 살아간다. 배신하고, 잔인하게 착취하고, 살해하고, 성공을 위해 서로를 팔아먹는 사건들은 오늘날 한 창조주이자 한 아버지를 두고 한 해 아래 살아가는 인류, 한 교회 내의 교우들, 그리고 한 지붕 아래 살아가는 가족 안에서 일어나고 있는 일상이다.

야곱의 험악한 세월로 되돌아가 몇 가지 사건들을 좀 더 살펴보자. 야곱은 형과 아버지를 속이고 고향으로부터 도주해 북부 하란에 이르렀다. 그리고 그곳 한 우물가에서 사촌 라헬을 만났다. 야곱은 외로운 타향에서 첫눈에 반한 그녀를 의지하게 되었고, 열렬히 사랑했다. 라헬을 얼마나 사랑했던지 누가 요구한 것도 아닌데 외삼촌 라반에게 7년 동안 봉사할 것을 자원했고, 7년 후 라헬과의 결혼 약속을 받아 냈다. 그리고 오직 그 약속만을 믿고 성실히 외삼촌을 섬겼다. 야곱이 라헬을 얼마나 사랑했던지 성경은 이렇게 기록하고 있다.

> 야곱이 라헬을 위하여 칠 년 동안 라반을 섬겼으나 그를
> 사랑하는 까닭에 칠 년을 며칠같이 여겼더라 창 29:20

사랑에 눈이 멀면 시공간적인 감각을 잃어버리는 것 같다. 7년을 며칠같이 보낸 후 야곱은 약속대로 드디어 라헬을 아내로 맞이하게 되었다. 그러나 무척이나 어두웠던 첫날밤, 베일을 쓰고 들어온 여인이 라헬인 줄 알았는데

아침에 일어나 보니 신부는 바로 라헬의 언니 레아였다! 혈통을 나눈 외삼촌이며 장인인 라반에게 속았던 것이다. 야곱은 억울하지만 얼마나 라헬과 결혼하고 싶었던지 7년을 더 봉사하라는 라반의 강요에 서약을 했고, 마침내 언니 레아와 더불어 라헬을 아내로 맞이하게 되었다.

야곱은 정말 성공에 대한 집념이 대단한 사람이었다. 자기가 원하는 것은 끝내 얻고 말았다. 그러나 그로 인해 정말 비굴한 운명을 맞이하게 되었다. 학자들은 고대 근동에서 일부다처제는 우리의 생각처럼 일반적이고 보편적인 풍습이 아니었다고 말한다. 유목민 족장들의 일부다처제 풍습을 고려하더라도, 결혼 초기부터 2명의 친자매를 아내로 삼는 일은 흔한 경우가 아니었다.

우리는 야곱을 통해 성공에 집착하다 보면 얻을 것만 보이지, 실은 잃을 것이 훨씬 더 많음을 알 수 있다. 야곱은 형의 장자권을 빼앗았지만 부모, 형제와 고향을 잃었다. 타향에서 만고풍상 끝에 원하는 아내를 얻었지만, 사실 야곱은 처음부터 역기능적일 수밖에 없는 가정을 꾸미게 되었다. 친자매인 레아와 라헬은 죽는 날까지 상호 피해 의식을 갖고 살아가게 되었다.

영물인 사람은 똑똑한 것 같지만 성공에 눈이 멀면 첫 단추부터 잘못 끼우게 되는 경우가 태반이다. 야곱은 원하지 않는 언니 레아와 사랑하는 동생 라헬, 두 자매를 다 아내로 삼고 살아야 하는, 막장 드라마보다 더 비극적인 플롯에 엉키게 되었던 것이다.

> 야곱이 또한 라헬에게로 들어갔고 그가 레아보다 라헬을
> 더 사랑하여 다시 칠 년 동안 라반을 섬겼더라 창 29:30

레아

레아는 동생인 라헬보다 야곱과 먼저 결혼했음에도 불구하고 남편의 사랑을 받지 못했다. 그녀는 동생 라헬이 남편을 빼앗았다는 피해 의식에 시달렸다.

네가 내 남편을 빼앗은 것이 작은 일이냐 창 30:15

레아는 자신의 피해 의식과 결핍증을 많은 자식을 출산하는 것으로 보상받으려 했다. 이는 자식들을 피해자로 만드는 또 하나의 악순환이었다. 레아는 줄줄이 아들을 넷이나 낳았고 자식들에게 집착했다.

한편 동생 라헬은 야곱의 사랑을 차지했지만 불임으로 고통스러워했다. 남편의 사랑이 모든 것을 만족시킬 수는 없는 법이다. 라헬은 자신과 비교하며 언니를 시기하기 시작했다. 시기는 내가 상대보다 잘났다고 생각하는데 현실이 그렇지 못할 때 발단된다. 라헬은 남편이 자기를 더 사랑함에도 불구하고 자식이 없는 현실에 좌절했던 것이다. 그리고 참지 못해 자신의 하녀 빌하를 남편의 첩으로 들여 단과 납달리를 얻게 되었다.

우리는 이러한 상황이 시대적인 풍습이었다고 쉽게 넘기나, 절대 그렇지 않다. 남편에게 첩을 두는 일은 견디기 어려운 심적 고통을 초래하는 것이다.

레아는 이미 친아들을 넷이나 두었는데도 불구하고 만족하지 못했다. 그녀의 불안증과 보상 심리는 조금도 해소되거나 충족되지 못했다. 인간의 탐욕은 소금물과도 같아 마시면 마실수록 갈증이 더해질 뿐이다. 레아도 자신의 하녀 실바를 남편의 첩으로 들여 갓과 아셀을 더 얻었다. 고대 근동 문화에서 자녀의 숫자는 모계의 주도권 경쟁을 반영했다.

레아는 장남 르우벤이 들에서 취한 '두나임'이라는 자연산 합환채(아이를 낳게 해 주는 효험이 있다고 알려진 식물)를 동생 라헬에게 주면서 야곱과 동침할 수 있는 권한과 교환

했고, 잇사갈과 스불론을 출산했다(창 30:14-20). 그리고 마지막으로 예쁜 막둥이 딸 디나를 출산했다.

분명히 행복한 순간들이었을 것이다. 그러나 두 자매의 자식들은 애정 결핍증과 피해 보상 의식의 비극적인 산물이 되고 말았다. 레아는 총 9명의 자녀들을 자신의 영역 아래 두고 모계의 최고 권력자로서의 입지와 권위를 확고하게 다졌다. 누가 봐도 부럽지 않을 수가 없었다. 부호 야곱 족장의 큰 마님이요, 많은 자식과 하녀들을 거느린 여장이었다. 그러나 레아는 과연 행복했을까?

레아가 최초로 출산했을 때 그녀는 아기의 이름을 '르우벤'(רְאוּבֵן)으로 작명했다. 이는 히브리어로 '보라, 아들이다!'를 의미한다. 자신의 아픔을 보상받고 남편과 사람들에게 자신의 존재 가치를 인정받으려는, 말 그대로 '보여 주기 위한 아들'이었다.

레아가 임신하여 아들을 낳고 그 이름을 르우벤이라 하여 이르되 여호와께서 나의 괴로움을 돌보셨으니 이제는 내 그런 아들이 정상적으로 성장할 리가 없었다. 레아는 무엇인가 보여 주려고 아들을 낳았으나, 야비하게도 야곱은 동생 라헬과 그녀의 아들 요셉을 편애했다. 사랑은 보여 줌으로 성취되는 것이 아니다.

훗날 레아의 장남 르우벤은 아버지의 셋째 부인이자 자신의 작은어머니 빌하의 침상을 더럽혔다. 이는 어머니를 강간한 부정으로, 땅으로부터 토해 냄을 당해야 하며 이스라엘 백성 중에서 끊어져야 하는 치명적인 범죄였다 (레 18:8, 27-29).

야곱의 화려한 성공 뒤에는 이처럼 역기능적인 가정의 어두운 그림자가 항상 편재해 있었다.

레아가 그렇게도 무엇인가 보여 주려 했던 르우벤은 장자권을 요셉의 두 아들에게 빼앗겼고(대상 5:1-3), 맏형으로서의 리더십은 넷째 동생인 유다에게로 넘어갔다(창 49:4; 민 2:3-4). 게다가 야곱은 임종 시 르우벤을 저주했다.

물의 끓음 같았은즉 너는 탁월하지 못하리니 네가 아버지
의 침상에 올라 더럽혔음이로다 그가 내 침상에 올랐었도
다 창 49:4

　아들을 저주하고 눈을 감아야 했던 야곱의 임종을 누
가 복되다고 말할 수 있겠는가? 레아가 그렇게도 기대하
며 보여 주고 싶어 했던 르우벤은 오히려 그녀의 가슴에
평생 가시로 남았다.

　레아의 막둥이 딸 디나는 어떻게 되었을까? '디나'(דִּינָה)
라는 이름의 어원인 히브리어 동사 '딘'(דִּין)은 그 형태와
문맥에 따라 '판결하다'(to judge), '해명하다'(to vindicate), '통
치하다'(to govern)라는 의미를 가지고 있다. 자신의 억울함
을 판결하고 해명해 통치하겠다는 뜻이다.
　그러나 불행하게도 디나는 그녀의 아름다움으로 인해
히위 족속 세겜에게 강간을 당했다. 이로 인해 디나의 친오
빠들인 시므온과 레위가 히위 족속 남자들을 모두 살육하
는 참상이 벌어지고 말았다(창 34장). 그 일로 야곱은 어렵

게 정착한 그 땅을 떠나게 되었고, 임종 시 유언에서 두 아들을 저주했다. 훗날 친형제인 시므온과 레위의 후손들은 광야에서 서로 죽고 죽이는 비극을 이어 갔다(민 25:6-15).

레아는 결핍된 남편의 사랑을 보상받기 위해 그 아래 총 9명의 자녀를 두고 지극정성으로 키웠다. 하지만 오히려 그들은 어머니의 마음에 지울 수 없는 상처를 가하기만 했다. 우리는 우리가 가장 사랑받고 싶고 보상받고자 하는 사람들로부터 가장 치명적인 상처를 입곤 한다. 그러므로 모질고 험악한 세월이요, 고난의 퍼즐인 것이다.

라헬

라헬은 언니 레아가 7명의 친자식을 갖기까지 자식을
1명도 갖지 못했다. 요새는 무자식이 상팔자라고 말하지
만, 고대 근동 문화권에서 자식이 없는 것은 신으로부터
저주받았음을 의미하기도 했다.

미묘한 레아와 라헬의 겨루기 사이에서 야곱이 얼마나
힘들었겠는가? 언니 레아가 마지막으로 일곱째 막둥이 딸
디나를 출산했을 때 오랫동안 마음고생을 한 라헬이 마침
내 첫아이를 잉태하게 되었다.

> 하나님이 라헬을 생각하신지라 하나님이 그의 소원을 들
> 으시고 그의 태를 여셨으므로 그가 임신하여 아들을 낳고
> 이르되 하나님이 내 부끄러움을 씻으셨다 하고 [그러나] 그
> 이름을 요셉이라 하니 여호와는 다시 다른 아들을 내게 더
> 하시기를 원하노라 하였더라 창 30:22-24

라헬은 얼마나 황홀하고 기뻤던지 "하나님이 내 부끄러움을 씻으셨다!" 하며 환호했다.

그런데 여기서 우리는 이 표현이 하나님의 은혜에 대한 감사인지, 아니면 그동안 언니로부터 당한 굴욕을 보복했다는 자축인지를 분석해 볼 필요가 있다. 만약 라헬이 첫아이의 출산을 하나님의 은혜로 생각하고 감사했다면 아들의 이름을 '은혜'라고 지었을 것이다. 그러나 라헬은 아들 하나로 만족할 수 없었다. 언니 레아에게는 친아들만 6명이 있었기 때문이다. 그들이 다 장성하고 야곱이 늙으면 라헬의 입지가 좁아질 것이 당연했다.

"하나님이 내 부끄러움을 씻으셨다"(창 30:23)라는 라헬의 고백을 뒤이은 24절은 히브리어 접속사 '바브'(ו)로 시작한다. 우리는 이를 단순 접속사(and, 그리고) 혹은 부정 접속사(but, 그러나)로 해석할 수 있다. 나는 이 경우 문맥상 부정 접속사인 '그러나'로 번역해야 한다고 본다. 라헬은 "하나님이 내 부끄러움을 씻으셨다!" 하고 환호했다. '그러나' 아들의 이름을 '은혜' 혹은 '찬양'으로 짓지 않고 '요셉'이라고 지었다. '요셉'은 히브리어 동사 '야사프'(יסף)에서 유래한 것으로서, '더하다'라는 의미이다.

"하나님이 그동안 제가 언니로부터 받은 굴욕을 보상해 주셨네요! 그러나 이왕이면 아들을 하나 더 주십시오!"

라헬은 그동안 그렇게도 한 명의 자녀를 간절히 원했지만 하나를 얻고 보니 곧 또 한 명이 갖고 싶었던 것이다. 그런데 바로 이 '하나만 더'의 소원이 훗날 라헬에게는 가장 치명적인 화의 씨가 되었다.

친정아버지 라반의 집에서 분가해 남편의 고향으로 돌아가는 길에 라헬은 바로 이 '하나만 더'인 둘째 아들 베냐민을 해산하게 되었다. 그러나 불행하게도 태어난 아들을 바라보며 그 이름을 '베노니'라고 지은 후 세상을 떠나고 말았다. 이제 좀 행복해지려나 했는데 그 '하나만 더' 때문에 화를 입게 되었던 것이다.

라헬이 오죽하면 아들의 이름을 '베노니'라고 부르고 죽었을까? 히브리어 '벤-아보니'(בֶּן־אוֹנִי)는 '나의 비애의 아들'(son of my sorrow)이라는 의미이다. '하나만 더'가 '비애의 아들'이 된 것이다.

고향을 떠나 유일하게 의지하고 사랑했던 아내 라헬을 잃은 야곱은 '베노니'를 '베냐민'(בִּנְיָמִין), 즉 '나의 오른손의 아들'(son of my right hand)로 바꾸어 스스로를 위로했다. 이때 야곱의 심정은 얼마나 번잡하고 허무했을까?

그때부터 야곱은 라헬의 장남 요셉을 비정상적으로 편애했다. 이는 그가 요셉에게만 귀한 채색 옷을 입힌 것에서 알 수 있다(창 37:3). 그리고 이러한 야곱의 역기능적인 편애로 인해 요셉은 형제들의 미움을 사게 되었다. 우리에게는 앞만 보고 달려가다 앞에 놓인 '하나만 더'의 절벽에서 삶의 우선순위를 분별하는 멈춤이 필요하다.

사람은 사랑의 결핍 앞에서 레아와 같이 본질적인 것보다는 보상적인 것들에 집착하게 된다. 그것은 자식, 음식, 쇼핑, 권력, 술, 마약, 돈, 쾌락, 자존심일 수 있다. 그러나 마음의 공허함은 그런 물리적인 것들로 절대 채워지지 않는다. 마음은 물질이 아니기 때문이다.

그런가 하면 비교 의식의 콤플렉스에서 벗어나지 못해 증오와 보복심으로 시련을 겪기도 한다. 자신과 남을 비교

하며 계속 '하나만 더'의 탐욕을 추구하지만 차이와 상실감만 더해지는 것이다.

이러한 보상 심리와 피해 의식으로부터 취해지는 만사 언행이 얼마나 더 큰 악순환의 비극을 불러오는지, 우리는 레아와 라헬의 드라마를 통해 알 수 있다.

야곱은 장자의 권리만 가로채면 꼭 성공할 것이라 굳게 믿었다. 레아와 라헬은 아들만 얻으면 행복을 쟁취할 수 있을 것이라고 믿었다. 그러나 바로 그 성공으로 인해 그들은 모질고 험악한 세월을 살게 되었다.

야곱과 이스라엘

어머니를 잃고 아버지의 편애로 성장한 요셉은 파란만 장한 생을 보냈다. 착하고 외향적인 성품을 가졌지만 철부 지였던 요셉은 아버지의 편애로 인해 어려서부터 자기가 최고인 줄 알았다. 형들의 잘못을 즉시 아버지에게 고발하고(창 37:2), 자신이 형제들과 부모를 다스리게 될 것이라는 꿈의 내용을 동네방네 자랑하고 다녔다.

요셉의 고자질 소식과 자랑을 들은 형들은 그를 더욱 미워했다(창 37:5). 성경은 이에 대해 간명하게 기술하고 있으나, 형들이 오죽하면 요셉을 죽이려고 했을까? 상황이 바뀌어 형들은 요셉을 죽이려다 애굽으로 가고 있는 미디 안 상인들에게 노예로 팔아 버렸다.

그렇게 아버지 야곱은 노년에 가장 집착하며 편애한 아들 요셉을 잃었다. 아마도 그 마음의 빈자리를 그 무엇 으로도 채울 수 없었을 것이다. 야곱은 훗날 애굽에서 요셉과 재회하기까지 22년이라는 모질고 험악한 세월을 한숨과 그리움으로 살았던 것이다.

이러한 야곱의 이야기에서 우리는 무엇을 느낄 수 있으며, 또한 무엇을 생각해 볼 수 있을까?

나는 본문의 신학적인 의미들을 잠시 옆에 두고, 야곱이 말한 인생의 '험악한 세월'을 조명해 보고 싶다. 나는 대학 시절 철학 관련 책들을 읽었던 기억에 신학대학원에서의 신학 공부가 무척이나 기대되었다. 믿음의 조상 아브라함은 분명 철학자 임마누엘 칸트를 초월하는 사상가일 것이라고 생각했다. 그러나 구약성경을 읽으면서 실망이 컸다.

실제로 구약성경에 등장하는 모든 믿음의 선조는 고전에서 묘사되고 있는 유식하고 철학 도덕적인, 온전한 인격화로 미화된 영웅이나 성자나 철인들과는 거리가 멀었다. 그들은 모두 '믿음의 조상'이라는 경칭과는 어울리지 않는, 야곱처럼 성공을 따라 끝내는 험악한 세월을 산 사람들에 불과했다. 예수님은 이렇게 말씀하셨다.

사람이 만일 온 천하를 얻고도 제 목숨을 잃으면 무엇이
유익하리요 사람이 무엇을 주고 제 목숨과 바꾸겠느냐 마
16:26

이는 생명이 천하보다 크다는 것을 의미한다. 생명이
천하보다 크기에 천하에 있는 모든 것으로 다 채워도 채
울 수 없는 것이 생명이라는 의미이다. 그런데 성공은 '생
명을 채울 수 있다'는 그릇된 전제로 시작된다. 성공이라
는 올무에는 채울 수 없는 것을 채우려는, 그래서 끊임없
이 이웃의 발꿈치를 잡아당기고, 가로채고, 속이고 속는
멈추지 못하는 탐욕이 숨어 있는 것이다.

나이가 들면서 나는 그동안 내가 읽어 왔던 고전과 신
앙 간증 책의 주인공들이 거짓으로 미화되고 포장되었음
을 조금씩 알게 되었다. 그래서 이 책을 집필하는 것을 망
설이기도 했다.
오늘날 기독교는 외적으로 화려하고 거룩한 예배당 안
에서 기복, 만사형통, 성공, 자신감, 힘, 명성, 세력, 승리,

도덕적 완벽, 고상한 인격, 평탄한 세월 등을 처방한다. 교회 안에서 감히 힘들다고, 불안하여 미치겠다고, 삶이 어렵고 고달프다고, 마음이 아프고 쓰리다고, 몸이 쇠약하고 병들었다고, 배운 것이 없고 무식하다고, 험악한 세월을 살고 있다고 말하기 두려운 것이 오늘의 현실이다.

그러나 성령님은 거짓과 편견, 배신, 증오, 두려움, 취약, 실패, 불신 등 절망으로 가득한 험악한 세월의 현실을 성경에 진솔하게 기록하셨다. 슈퍼맨이나 사상가 야곱이 아닌 험악한 세월을 산 야곱이 우리의 진정한 믿음의 조상인 것이다.

성경의 이야기만 그럴까? 나의 가족도, 그리고 인류라는 확장된 나의 더 큰 가족도 실제로는 모두 험악한 세월을 피해 갈 수 없는, 야곱의 성공 본능을 따라 역기능적인 삶의 악순환을 재생하는 개인과 공동체에 불과하다. 도토리 키 재듯 조금 더 잘났고 조금 더 배웠다고, 조금 더 가졌고 조금 더 고상해 보인다고 하나님 앞에 당당히 설 사람은 없다.

기록된 바 의인은 없나니 하나도 없으며 롬 3:10

외국에서 48년이라는 긴 세월을 보낸 나의 아버지가 한국을 방문하셨을 때 한번은 경부고속도로 휴게소에 있는 화장실에 함께 들른 적이 있다.

"한영아, 화장실이 왜 이렇게 멋있냐? 여기서 내 사진 한 장만 찍어라!"

아버지는 소변기를 뒤로하고 포즈를 취하셨다.

"아버지, 화장실에서 무슨 사진이에요?"

"아냐, 한 장 찍어라. 우리나라가 이렇게 많이 발전했다니 정말 감사하고 감개무량하다!"

내가 어렸을 때 화장실을 사람들이 외면하는, 집 밖에 있는 외양간과도 같았다. 시골에 가면 화장실 발판이 똥으로 범벅되어 부분적으로 썩어 있었는데, 나 같은 어린아이의 몸무게조차 지탱하지 못해 한번은 똥통에 빠져 반신욕을 했던 기억이 있다. 그래도 지금 뒤돌아보면 추억이 담긴 장소이다. 그 지독했던 똥 냄새도 어린 시절에는 내성이 강했던지, 아니면 바보였던지 샤넬 $N°5$로 기억된다.

휴지가 없던 시절, 시키면 신문지 한 장을 찢어 들고 앉아 있으면 아래 똥통 벽을 타고 구더기들이 올라오는 모습을 볼 수 있었다. 총 몇 마리인지 세는 재미가 심심치 않았다.

무슨 이유인지 알 수는 없으나, 구더기들은 필사적으로 벽을 타고 꿈틀꿈틀 올라오다 여기저기서 떨어지곤 했다. 구더기들은 서로 "내가 잘났어!" 하며 올라오다 뚝! 떨어졌고, "내가 먼저 올라갈 거야!" 하다가 뚝! 똥통으로 곤두박질치곤 했다. 그러다 어쩌다 한두 마리가 벽 타기를 성공해 발판으로 올라올 때면 내가 곧바로 사정없이 밟아 버렸다.

욥의 친구는 욥의 처참한 상황을 구더기로 묘사하기도 했다.

하물며 구더기 같은 사람, 벌레 같은 인생이랴 욥 25:6

"나는 건강해!" 뚝!
"나는 박사야!" 뚝!

"나는 부자야!" 뚝!

"나는 도덕적으로 정결해!" 뚝!

"나는 성경도 많이 읽고 기도도 많이 해!" 뚝! 뚝! 뚝!

의인은 단 하나도 없다. 우리는 모두 한 똥통에서 야곱의 성공을 향해 험악한 세월의 벽을 타고 올라가려는 광야의 나그네들이다. 뚝! 뚝! 뚝!

그런 우리는 서로의 잘남이 아니라 서로의 못남으로, 서로의 기쁨이 아니라 서로의 슬픔으로, 서로의 편안이 아니라 서로의 고난으로, 프랑스 철학자 폴 리쾨르가 논하는 '상호적 취약성'(mutual vulnerability) 안에서만이 인생의 최종적 퍼즐을 맞출 수 있다. 예수 그리스도께서는 하늘 보좌의 영광이 아니라 십자가의 고난 안에서 인류를 구원하셨다.

만약 야곱의 이야기를 여기서 끝낸다면, 지금까지의 담론은 '험악한 세월'이라는 인생을 비관적으로 환원시킨 것에 불과할 수 있다. 이는 부활을 생략한 그리스도의 죽음과 고난과도 같을 것이다.

성경에 기록된 야곱의 이야기는 도덕적 회의나 세월의

해체를 지시하기 위한 것이 아니다. 그렇다고 자식을 모두 총리로 만들라는 기복적인 성공 이야기도 아니다. 야곱의 담론은 세월의 험악한 현실을 꾸밈없이 적나라하게 서술하고 있으나, 그 고난의 퍼즐을 통해 거룩하신 하나님의 궁극적인 선이 구현되고 실현되어 가는 구속사를 암시한 것이다. 이는 '야곱'을 '이스라엘'로 완성시킨 고난의 퍼즐이다.

하나님을 믿는다고 다 부자가 되고, 건강하고, 만사형통하는 것은 아니다. 사실을 부정할 어리석은 사람은 없을 것이다. 하나님을 믿든 안 믿든 험악한 세월을 피해 갈 수 없다.

그러나 하나님이 선하시다면 왜 그분이 창조하신 세상에 고난이 있는 것인가? 역설적인 것은 이러한 신학적인 질문에 철학적인 정답을 줄 사람도 없다는 것이다. 따라서 성경은 이해가 아닌 믿음의 기호법을 담고 있다. 고난의 퍼즐은 선을 위한 필연임을 믿어야 한다. 믿음의 눈으로 오늘의 야곱을 통해 내일의 이스라엘을 바라볼 수 있어야 한다.

현재의 고난이 궁극적인 선을 위한 퍼즐 조각임을 어떻게 믿을 수 있을까? 그것은 그 퍼즐의 주체를 존재론적으로 만나는 것에서부터 시작된다. 야곱은 험악한 세월 속에서도 한 가지를 절대 포기하지 않았다. 그것은 그의 삶의 퍼즐의 주체이신 전지전능하신 하나님의 존재에 대한 신뢰와 믿음이었다. 그는 자신의 실패가 절대 하나님의 실패는 아니라는 사실을 확고하게 믿었다. 그래서 실패를 바라보기보다는 하나님을 바라보았다.

형의 복수를 피해 도주하다 쓰러진 벧엘에서 사방이 막혀 있을 때 야곱은 하늘을 쳐다보았다. 성공을 위해 앞만 보고 달리다 절망의 절벽에 이르러도 야곱은 포기하지 않고 다시금 하나님께로 돌아갔다. 그리고 얍복강 나루터에 홀로 남아 밤을 지새우며 허벅지 관절이 빠지도록 하나님과 씨름했다(창 32:24). 그는 실패의 깊은 수렁 밑바닥에서도 절대로 하나님을 포기하지 않았다.

그렇게 시간이 흐르면서 야곱은 인생의 진수를 깨닫게 되었다. 자신이 진작 붙잡고 싸웠어야 하는 대상은 세상이 아니라 생사화복을 주관하시고 인생의 영원한 퍼즐을 섭리하시는 하나님이라는 사실을 존재론적으로 경험하게 되었던 것이다. 자신이 꼭 가로챘어야 하는 것은 장자의 권리나 아버지의 축복이 아니라 영원하신 하나님의 언약이었음을 그는 깨닫게 되었다. 자신이 그렇게도 집착했던 라헬과 자식과 재산이 아니라 험악한 세월 속에서도 선의 퍼즐을 성취해 가시는 하나님의 사랑임을 그는 믿게 되었던 것이다.

얼마 전, 오래전에 이혼을 하고 홀로 사는 큰누님에게서 연락이 왔다. 마음이 착하고 정직하며, 젊은 시절 우리 형제들 중 그 누구보다 학문적으로나 예술적으로 뛰어났던 누님이다. 그리고 명자 누나를 정말로 사랑해 주었던 누님이다. 그러나 이혼녀에 대한 주위의 오해와 편견과 억울한 비난으로 심신이 고갈된 상태였다.

동생으로서 안타까운 마음에 하나님께 나아가 기도와 찬양으로 예배할 것을 권면했다.

"한영아, 나에게는 더 이상 기도와 찬양이 소용이 없는 것 같아."

전에는 힘들 때마다 찬송을 부르거나 주기도문을 외운 누님이었지만 많이 지쳤던 것이다.

너무나도 마음이 아팠다. 왜냐하면 고난의 퍼즐을 완성하시는 분은 오직 하나님 한 분이시기 때문이다. 그러나 나는 누님의 고통에도 불구하고 누님을 변함없이 사랑하시는 하나님의 신실하심을 믿는다. 나는 누님을 통해 이혼으로 고통받는 이웃들을 이해하게 되었고 그들의 아픔에 공감하게 되었다.

야곱이 위대한 이유는 그가 정직하고, 선하고, 성실해서가 아니다. 그가 위대한 믿음의 조상이 될 수 있었던 것은 험악한 세월 속에서도 하나님을 마지막까지 포기하지 않았기 때문이다.

그 마음을 아시는 하나님이 얍복강 나루에서 야곱과 싸워 져 주는 은혜를 베푸셨다. 마치 아빠가 어린 아들과의 씨름에서 져 주듯이, 하나님은 야곱이 자신을 가로채도록 허락하셨다. 그리고 그의 이름을 '이스라엘'로 높여 주셨다(창 32:28). '이스라엘'(יִשְׂרָאֵל)은 '하나님과 싸워 이겼다'라는 뜻이다. 이제 그는 더 이상 이 세상의 성공과 싸우는 야곱이 아니라 하나님과 싸워 이긴 이스라엘이 된 것이다.

하나님은 야곱의 험악한 세월을 합력해 조금도 낭비하지 않으셨고, 궁극적인 선으로 고난의 퍼즐을 완성하셨다. 칼을 휘두르던 레위는 제사장이 되었고, 라헬의 아들 요셉은 애굽의 총리가 되어 이스라엘을 가뭄과 기근에서 구원했다. 레아의 아들 유다는 며느리 다말과 행음해 부정으로 베레스를 얻었다. 그럼에도 불구하고 하나님은 베레스를 인류의 구주이신 예수 그리스도의 조상으로 삼으셨다.

어떤 이들에게 세상은 영원한 밤이며, 인생은 불치의 상처이다. 그럼에도 불구하고 우리는 모든 것을 합력해 선을 이루시는 하나님과의 실존적인 씨름을 포기하지 말아야 한다. 지금 나의 고난은 선을 완성하시기 위한 하나님의 마지막 퍼즐 조각이 될 수 있기 때문이다. 죽는 날까지 우리는 그 소망을 절대 포기해서는 안 된다.

명자 누나의 마지막 퍼즐 조각

═══════════════════

나는 어려서부터 따뜻한 남미에서 자라나 얼굴은 한국 인이지만 스타일은 명랑한 브라질의 전통 춤 삼바(Samba) 와도 같다. 짧지 않은 세월을 미국, 아프리카, 유럽, 동남아 등에서 보냈지만, 그래도 나에게 가장 편안한 곳은 남미이 다. 그래서인지 나를 소개할 때 몸은 한국 태생이고, 마음 은 브라질 태생이고, 영혼은 하늘나라 태생이라고 말한다.

'아리랑'보다는 '보사노바'(Bossa Nova, 삼바에 모던 재즈의 감각이 가미되어 발달한 새로운 대중음악)를 더 좋아하고, '빨리 빨리'보다는 느긋한 것을 좋아한다. 세월의 부딪침으로 세 속인이 되었다 하지만, 그래도 아직은 선천적인 낭만에 젖 어 가끔은 붕 뜬 삶을 살기도 한다. 요새는 몸이 조금 안 따라 주지만 누가 놀자고 하면 언제라도 뛰쳐나갈 준비가 되어 있다.

이제 어느덧 인생 60을 바라보며, 세월은 여전히 험악

한 절벽 앞에서 변함없이 나를 괴롭히지만 믿음의 주요
또 온전하게 하시는 이인 예수와 매일 싸우며 사랑하는
아내와 함께 최근에 이사한 시골 마을 팽성읍 안정리에서
행복한 삶을 누리고 있다. 이 지역의 이름처럼 '안정'하고
'평생' 살 것 같은 나의 현 모습을 나는 명자 누나의 마지
막 퍼즐 조각이라고 말하고 싶다.

명자 누나는 호스피스로 마쳐 시술을 받기 직전, 수술
대에서 깨어나 기적적으로 죽음을 모면했다. 이후 의사들
은 누나의 암 덩어리를 제거하기 위해 방사선과 약물과
수술을 포함한 다양한 시술과 치료를 시도했다.

그런데 4-5년이 지나면서 후기 방사선 섬유화로 인해
내장 여기저기에서 작은 출혈들이 발생하기 시작했다. 섬
유화로 창자가 탄력성을 잃어 꼬이기도 하고 터지기도 했
다. 콩팥은 한쪽 25%만 기능했고, 일주일이 멀다 하고 반
복적으로 감염되었다. 대변에서도, 소변에서도 만성적인
출혈이 생겨 정규적으로 수혈을 해도 심한 저혈압과 빈혈
로 힘들어했다. 위가 아파 더 이상 약을 복용할 수 없는 것

은 둘째 치고 반복되는 감염에 항생제 내성까지 생겼다.

어머니가 세탁소에서 힘든 일을 하면서 매일 아침 지극 정성으로 음식을 준비하셨지만, 명자 누나는 한두 숟가락 넘기고 토하기가 다반사였다. 영양실조로 인해 어깨 쇄골 부위의 정맥을 뚫어 1-2개월씩 영양제를 투입해야 했다.

암 덩어리가 허벅지 관절로 퍼져 골반을 부분적으로 도려냈고, 하반신 부분 마비로 균형을 잃고 쓰러져 대퇴골 이 골절되었다. 툭하면 넘어져 엉덩이뼈에 금이 갔고, 오 랜 병상 생활에 무게를 못 이긴 피부는 여기저기 썩기 시 작했다. 인공 대퇴골 관절 수술을 받았고, 끝내는 휠체어 신세가 되었다. 엉덩이뼈가 부서져 휠체어에 앉아 있는 그 자체가 고통이었다. 복벽에 구멍을 뚫어 대변 주머니와 소 변 주머니를 영구적으로 차게 되었고, 단 하루도 통증 없 이는 편한 날이 없었다.

빨리 죽고 싶어도 생명은 생각보다 질겼다. 과연 하나 님은 사랑이신지, 아니 존재하시는지, 전지전능하신 분이 라면 왜 그렇게 고통을 연장하며 살게 하시는지…. 명자 누나는 육체적 고통만큼 정신적 고통도 심했다.

이렇게 명자 누나가 한창 아플 때 어머니가 만성 위궤양으로 내시경 검사를 받으셨는데, 예기치 못한 위암 진단을 받게 되셨다. 평생 교회와 교우들을 위해 자신의 모든 것을 희생하셨던 어머니께 선하신 하나님은 왜 그 고통을 더하셨을까?

명자 누나가 병원에 입원해 있을 때 어머니는 위암 제거 수술을 받고 다른 병원에 입원해 계셨다. 수술 후 진통제가 떨어지면서 웬만하면 표현을 안 하는 어머니가 견디기 힘든 통증을 호소하셨다. 병문안을 간 나는 어머니의 고통 앞에서 너무나도 무기력할 뿐이었다.

어머니는 평상시 나에게 별로 말씀이 없는 분이셨지만, 가끔 아이를 하나 더 가지면 좋겠다고 말씀하셨다. 그런데 병문안을 간 날 어머니는 고통 가운데 나에게 이렇게 말씀하셨다,

"한영아, 너는 딸 하나로 만족하고 감사해라. 세상에 생명이 태어난다는 것은 또 하나의 고통을 만드는 것 같구나."

명자 누나는 병상에 있는 자신만으로도 감당할 수 없

이 힘든데, 어머니까지 다른 병원에 입원해 계시니 병문안도 할 수 없는 자신이 너무 힘들다며 나에게 괴로움을 호소했다.

그러나 명자 누나는 야곱과도 같았다. 아픔과의 싸움을 넘어 매일매일 하나님과의 싸움을 마지막까지 포기하지 않았다. 통증이 심할수록 더욱더 열심히 찬양하고 기도했다. 매형이 사다 주는 책들을 정독하고, 구약성경 욥기를 거의 외우리만큼 반복해서 읽었다. 토요일에는 휠체어를 타고 지팡이에 의지해 한글 학교에서 아이들을 가르쳤고, 교회 화장실 청소도 계속했다.

그 와중에 병원을 왔다 갔다 하며 어린이 옷 가게를 3곳이나 열었다. 빈혈로 인한 어지러움과 칼로 깎는 듯한 통증을 견뎌 내며 악착같이 일을 해 냈다. 가까이서 손발이 되어 주신 정미숙 집사님과 함께 휠체어를 타고, 대소변 주머니를 차고, 어느 때는 업혀서 미국 동부인 필라델피아에서 뉴욕으로, 캘리포니아, 로스앤젤레스로 상품을 구입하러 다니기도 했다.

나는 그런 명자 누나를 옆에서 바라보는 자체만으로도 정말 힘들었다. 그래도 누나는 미국에 함께 있는 나를 많이 의지했다. 병원에 갈 때도 나와 같이 갔다. 명자 누나와 병원에서 함께 밤을 새운 날이 얼마나 많은지 모른다. 그러한 상황은 내가 미국에 가기 전까지는 단 한 번도 상상해 보지 못한 삶이었다.

사실 당시 나는 브라질 아마존에 가서 일할 꿈에 부풀어 있었다. 낭만적이고 자연을 좋아하는 나는 브라질 정부가 운영하는 아마존 정글의 작은 병원들을 순회하는 의사로 지원하려고 했다. 배를 타고 일주일씩 여러 병원을 돌면 매월 한 주는 쉬고, 일반 연봉의 2배와 상여금으로 큰 농장을 기증받는 제도였다. 나에게는 일석이조인 셈이었다.

그러던 중 매형이 명자 누나를 미국의 친정집으로 보냈고, 끝내 암 판정으로 입원하게 되자 나는 누나의 간병으로 급히 미국에 가게 되었다. 그렇게 간병으로 미국에서 시간을 보내다 누나의 상황이 나아지면서 뉴욕 슬로안 케터링(Sloane Kettering)암센터에서 암세포 유전 면역학을 연구하는 박사후연구원으로 일하게 되었다.

어느 날 점심시간에 외식을 하러 병원 밖을 나섰는데 우연히 길에서 병원 바로 앞에 있는 록펠러암센터의 닥터 왕(Dr. Wang)이라는 소장을 만나게 되었다. 그는 중국계 브라질 사람으로서, 내가 나온 의과대학 선배였다. 학창 시절부터 천재로 소문났었는데, 의학과 원자물리학을 복수 전공하고, 미국에서 박사 학위를 마친 후 젊은 나이에 록펠러암센터 면역 연구소 소장이 되었다.

닥터 왕은 유사한 연구 분야일 뿐만 아니라 브라질 대학 동문이라는 이유로, 또 동양인이라는 동질감 때문에 나를 적극적으로 스카우트하려 했다. 그가 연구하던 단백질C와 내가 연구하던 T세포 면역 연구를 종합하면 획기적인 암세포 면역 치료법이 가능할 것 같았다.

여러 가지를 고려해 나는 뉴욕암센터에 사표를 제출하고 록펠러암센터로 이직하기로 했다. 닥터 왕은 내가 그동안 수고를 많이 했다며 이전 병원보다 높은 연봉에 아파트를 포함한 많은 편의를 제시했다. 그리고 감사하게도 일을 시작하기 전에 2주간 휴가까지 주었다. 어디 가서 푹 쉬고 돌아와 나머지 이직 절차를 마무리하라는 의미였다.

나는 휴가를 보낼 장소를 물색하다 아픈 명자 누나를 간병하고, 또 누나를 돌보며 힘든 세탁소 일을 하고 계시는 어머니도 도울 겸 휴가를 포기하고 2주 동안 뉴저지에 있는 어머니 집에 가 있기로 했다.

부모님 집에서 첫 주를 잘 보냈다. 병원에 입원해 있던 명자 누나에게도 가 보고, 남은 시간에는 세탁소에 가서 와이셔츠를 다렸다. 세탁소 내부 온도가 보일러로 인해 40-50도가 넘었는데, 나이 드신 어머니는 그곳에서 새벽부터 오후 늦게까지 고된 일을 견디고 계셨다. 어머니는 저녁이 되면 쓰러질 지경인데 병원에 들러 명자 누나를 돌보고 새벽이 되면 또 세탁소로 출근하셨다. 미국의 이민 1세들은 소수민족으로서, 나의 장모님을 포함해 이렇게 어려운 노동 분야에서 험악한 세월을 1년 내내 견뎌야 했다. 온몸이 땀으로 흠뻑 젖으신 어머니를 보며 너무 마음이 아팠다.

"어머니, 얼마나 힘드세요⋯."

"아냐, 한국에서는 돈 주고 사우나를 해야 하는데, 여기서는 돈 벌면서 하잖아!"

늘 긍정적인 어머니이시지만, 내 마음은 힘들었다. 어머니는 그렇게 뼈빠지게 일해서 번 돈으로 어려운 유학생들을 돕거나 교우들을 섬기셨다.

주일 저녁 예배를 드린 후 밤에 잠이 들었다. 5일 후인 금요일에는 뉴욕으로 돌아가 새로운 병원에서 일을 시작해야 하는 상황이었다. 갑자기 큰 울림이 들렸다.

"일어나라!"

나는 깜짝 놀라 눈을 뜨고 침대에서 몸을 일으켰다. 꿈인지 생시인지, 침대 앞에 누가 서 계셨다. 어릴 때 한국에서 다녔던 교회에서 나를 가르친 주일학교 선생님이셨다! 선생님은 인자한 미소를 지으며 "한영군, 신학교에 가야지? 43분 동안 차를 몰고 가요"라고 말씀하시고는 사라지셨다.

시계를 바라보았다. 새벽 5시였다. 그렇지 않아도 명자 누나의 마취 시술 전날 병실에서 이상한 환상을 봤는데, 두 번째니 정신이 없었다. 의학적으로 고민도 해 봤다.

'혹시 나에게 정신질환증이 시작된 것일까?'

월요일이 지나고 화요일이 되었다. 어머니와 세탁소에서 함께 일을 했다. 오후 늦은 시간에 보일러를 끄고 물을 마시기 위해 어머니와 함께 쉬었다. 그런데 어머니가 할 말이 있다고 하셨다.

"한영아, 나 어젯밤에 이상한 꿈을 꿨어. 네 주일학교 선생님이 나타나셔서 너를 신학교에 보내라고 하시더라! 학교 이름을 영어로 뭐라고 하셨는데…."

뒤통수에서 찬 기운이 돌았다. 사실은 하나님께 명자 누나를 살려 주시면 목사가 되겠다고 서원을 한 터라 누나의 건강이 회복될수록 불안하기만 한 상황이었다.

나는 어머니께 아무 말씀도 드리지 않고 먼저 집으로 갔다. 전화번호부를 찾아보니 신학교가 없었다. 전화국 정보 센터에 전화를 했다.

"혹시 여기서 자동차로 43분 내에 신학교가 있나요?"

"없습니다."

전화를 끊었는데, 탁자 위에 필라델피아 한인회 전화부가 보였다. 무심코 전화를 해 봤다. 젊은 한국 직원이 전화번호를 받았다.

"안녕하세요! 혹시 그곳에 신학교가 있나요?"

"네, 여기 신학교 천지예요!"

다음 날인 수요일, 나는 주소를 알아내 지도를 보고 합법적인 속도로 시간을 재면서 신학교를 향해 운전해 갔다. 정문에 도착해 차를 멈추고 시계를 봤다. 43분이었다! 그 순간, 왜 그렇게 갑자기 이유 모를 눈물이 쏟아지던지…! 차 안에서 혼자 한참을 흐느꼈다.

어려운 이민 목회를 하시던 아버지를 보며 자라 온 나는 목사가 되기 싫었다. 그런데 그 순간만큼은 마치 긴 세월을 방황하다가 따뜻한 아버지의 집으로 돌아온 느낌이었다. 설명할 수 없는 자유를 느꼈다.

집으로 돌아가 이 사실을 알렸다. 아버지는 "이제 아들 덕분에 비행기 탈 일은 없겠구나!" 하셨고, 감사하게도 모두가 나를 축복해 주었다.

명자 누나는 자기 때문에 하나님이 나를 신학교로 보내신 것 같다며 미안하지만 하나님께 감사하다고 좋아했다. 할머니는 울면서 말씀하셨다.

"사실은 내가 손자 하나만 주시면 꼭 목사로 헌신하도록 하겠다고 하나님께 서원을 했는데, 목사의 길이 너무 힘든 것 같아 어려서부터 너에게 단 한 번도 말을 못했단다. 그래서 늘 양심이 괴로웠는데, 네가 스스로 신학교를 간다니 할렐루야다!"

정신이 없었다.

금요일, 뉴욕으로 돌아가 닥터 왕에게 2주 동안 있었던 일과 신학교 이야기를 했다. 그는 내가 큰 실수를 하는 것 같다며 3개월을 유보해 주겠으니 그 안에 언제든지 꼭 돌아오라고 진심으로 권면을 해 주었다. 그렇게 나는 신학대학원에 입학했고, 사랑하는 아내를 만나 결혼도 했다.

그러나 그 과정은 쉽지가 않았다. 갈등도 많았고, 회의도 있었고, 예기치 못한 많은 장벽이 있었다. 그때마다 포기하려고도 했는데, 언젠가부터 두려워지기 시작했다. 신학의 길을 포기할 생각만 하면 명자 누나의 통증이 심해졌기 때문이다. 처음에는 우연이라고 생각했지만 그런 일이 매번 일관되게 반복되었다.

"그래, 명자 누나 때문에 신학을 시작했는데, 누나를 아프게 하면 안 되지."

나는 포기하기를 포기했다. 명자 누나는 그 아픈 몸을 가지고 열심히 사업을 하며 내가 편히 신학 공부를 할 수 있도록 재정적인 후원을 해 주었다.

구약학으로 박사 학위를 마치고 아버지가 은퇴하신 작은 교회에서 목회를 시작했다. 30여 명 되는 교우들과 가족같이 지냈다. 어려운 이민 생활 속에서 나눔과 섬김의 기쁨이 있었다. 교회가 부흥하고 교우들의 희생과 적극적인 헌신으로 작은 예배당을 헌당하게 되었다.

미국에서 한인 교회를 짓는다는 것은 정말 골리앗과 다윗의 싸움을 재현하는 것과도 같았다. 많은 어려움과 갈등이 있었다. 걱정이 되어 밤을 지새운 날도 많았다. 그래서인지 헌당식 이후 그동안 쌓인 스트레스로 인해 아침이면 몸을 일으킬 수가 없었다. 장로님과 의논을 했는데, 감사하게도 당회에서 4주간 휴가를 주었다.